거울을 둘러싼 슬픔

거울을 둘러싼 슬픔

이윤학 산문집

문학동네

1

어떤 피해망상 9
조롱박 10
풀밭 12
사과 15
오래 피어 있는 꽃 17
다이빙 선수 19
붉은 열매를 가진 적이 있다 30
허공 속을 헤매다 보니 33
대숲을 둘러싼 들국화 향기 39
신녕에서 하룻밤 44
옛 하숙집 53
배꽃 병풍 80
피아노 82

2

무인도 95
응급실 99
오동꽃 104
발 냄새 108
잉꼬 113
측백나무 121
겨울 별 123
크리스마스 127
붉은 담요에 대한 기억 131
풍경 사진 한 장 134
솜 공장 137
그 병원 앞 143
지붕 149
내 마음의 폐가 152

차례

3
옛집 165
땡감 167
토담 170
사금(砂金) 172
정원을 바라보는 시간 176
오동나무 179
새벽 181
플라타너스 183
등나무 185
똥차 190
아카시아숲 193
거울을 둘러싼 슬픔 198
황혼 205
폭풍 207
터널 위 무덤 210
블랙몰리 212
먼지의 집 218
메지 222
유리의 집 224
겨울 마늘밭 226
뒹구는 돌은 언제 잠 깨는가 228

책 뒤에 231

1

두 쪽으로 쪼개져야 무엇인가를 담아줄 수 있는 조롱박의 운명. 나는 나를 쪼개서 사용할 사람에게 갈 수 없다. 내 뿌리는 집에 있는데 나란 조롱박은 뿌리를 떠났다. 조롱박은 뿌리 근처에 퍼져 있는데 내 욕망의 가느다란 줄기들은 가보지 않은 곳이 없다.

어떤 피해망상

    길가에 서 있는 엑셀 승용차. 보닛이 들어올려져 있었다. 깨진 유리와 열린 문짝들로 보란 듯이 날개를 펴고 멈춰 서 있었다. 찌그러진 타이어들. 써먹을 것이란 모두 도난당한 엑셀 승용차. 이 길을 지날 때마다 나를 사로잡았다. 커브길 바깥에 멈춰 선 엑셀 승용차. 나를 형체만 보존한 인간이라 말하는 듯했다. 안에 쓰레기를 가득 채우고 엑셀 승용차가 서 있었다. 누가 나를 저렇게 버려놓았을까. 누구들이 나를 저렇게 만들었을까, 마음껏 부렸을까. 나는 다 어디로 간 것일까.
    어느 날엔가 엑셀 승용차는 치워지고 없었다. 그가 몇 달이고 서 있던 자리엔, 그가 가지고 있던 쓰레기들이 너저분하게 흩어져 있었다.

조롱박

 가을이 되어 돼지 움막 지붕 위에 조롱박들이 올라앉아 있다. 갓난아기 얼굴에 난 솜털 같은 것이 조롱박을 쳐다보는 마음을 아리게 한다. 아침을 때우고 바깥 마루에 앉아 찻길을 바라본다. 밤나무 그늘에 가려 늦은 햇살을 받은 조롱박, 솜털 끝에 이슬을 꿰어들고 글썽거리는 눈으로 날 원망하고 있다. 그 동안 어디서 살았는지 묻고 있다. 가슴 언저리가 꾹 찔린다. 아직 열매 맺지 못한 꽃이 하얗다. 나는 이제 어찌 되느냐 묻는 것도 같다. 아니 나를 어찌 할 거냐, 빤히 쳐다보는 것 같다.
 무슨 꽃씨나누기 행사에서 한 봉지 얻어다 어머니 손을 빌려 심은 것이다. 듬뿍 거름을 넣었다. 조롱박들은 크고 튼실하다. 슬레이트 지붕에 까맣게 낀 때와 곰팡이 위에 둥지를 튼 조롱박을 보는 나는 막막하기만 하다. 무책임하다는 생각이 들어서만은 아니다. 두 쪽으로 쪼개져야 무엇인가를 담아줄 수 있는 조롱박의 운명 때문만도 아니다.

　나는 나를 쪼개서 사용할 사람에게 갈 수 없다. 나를 받아줄 사람이 없다. 나는 어디론가 가지 않으면 안 될 처지다. 내 뿌리는 집에 있는데 나란 조롱박은 뿌리를 떠났다. 조롱박은 뿌리 근처에 퍼져 있는데 내 욕망의 가느다란 줄기들은 가보지 않은 곳이 없다. 나는 저녁때 집을 떠난다. 부모님 또한 떠나는 나를 오래는 잡지 못한다. 고작, 내일 새벽에 가면 어떻겠냐 물을 정도다.

풀밭

어느 아파트 담벼락에 차를 세우고 조그만 풀밭에 앉아 쉬고 있었다. 토요일이나 일요일 오후였을 것이다. 가족 단위로 더위를 피해 나온 사람들이 모과나무와 잣나무 그늘 아래 앉아 잡담을 나누고 있었다. 풀밭은 정리 정돈이 되어 있지 않았다. 군데군데 망초꽃이 피어 있었다.

중학생쯤으로 보이는 여자아이 다섯이서, 어디선가 자전거를 타고 와서는 풀밭으로 주르르 몰려왔다. 아이들은 무성한 토끼풀 주위에 둘러앉아 돌연변이 풀잎을 찾으며 쉴새없이 종알거리고 있었다.

모과나무 이파리 사이에서 갈라지는 햇살이 눈을 찔러, 나는 눈을 질끈 감고 있었다. 무슨 할 이야기가 저리도 많을까. 살아온 시간보다도 많은 걸 조잘거리는 여자아이들의 단발머리가 예뻐 보였다.

 나는 그들의 세계 근처에도 가보지 못했고, 그럴 엄두도 내지 못했다. 태양은 모과나무 이파리에서 몇 년의 거리를 두고 폭음을 하고 있었다. 나는 태양의 높이를 짐작해보고 있었다. 아이들의 목소리는 점차 멀어져 들리지 않게 되었다. 네 잎 토끼풀을 찾기 위해 이동해 갔으리라 여겼다. 화기를 동반한 바람이 몇 차례 불어갔고 풀밭 위로 자동차 소음이 전해졌다. 풀밭이 지진 위에 올려졌다.

 간밤에 마신 술기운이 머리끝으로 역류하고 있었다. 나는 초등학교 시절로 돌아가 운동장 구석에 있는 회전틀 위에 갇혔다. 회전틀을 돌리는 사람은 보이지 않았다. 나는 어떻게든 어지러움을 참아보려고 눈을 감고 있었다. 멈춰지지 않는 어지러움 속으로 파고든 것은, 여자아이 일행 중 하나가 무턱대고 던진 말이었다.

 나는 한참이나 눈을 감고 있은 다음에야, 아이들이 모여 있는 토끼풀 무더기 쪽을 바로 볼 수 있었다. 토끼풀은 무리를 지어 자라나 있었다. 풀밭에 무덤을 만들어놓고 있었다. 아이들은 토끼풀을 꺾어 반지와 시계를 엮고 있었다. 머뭇거리다, 금방 시들어버리는 의미를 만들고 있었다. 토끼풀 무덤이 잠깐 흔들리다 제자리를 찾고 있었다.

—나는, 마음만 먹으면, 일곱 살 시절로 돌아갈 수 있어.

그 아이는 무언가 알고 있었던 것일까. 아이들이 떠난 자리엔 꽃시계와 꽃반지와 꽃팔찌가 버려져 있었다. 장난삼아 만든 꽃시계와 꽃반지와 꽃팔찌가 시들어가고 있었다. 그들이 떠난 뒤 풀밭은 허허벌판처럼 황량해졌다. 마음만 먹으면 돌아갈 수 있는 시절도 그럴 자신도 없는 나는, 토끼풀 무덤 위를 하얗게 수놓고 있는 꽃을 바라보고 있었다.

사과

플라스틱 쌀통 위에 사과 다섯 알이 앉아 있다. 사람으로 치면 꼭지 부분이 밑이고 꽃 진 부분이 위다. 위 부분이 얼굴 같다. 어찌 보면 배꼽 같다. 씨가 몇 개 있을까? 그런 걸 생각하는 것 자체가 불순하다. 사과를 몇 번 갈랐을까? 나는 사과 씨를 심은 적이 없다. 씨가 박힌 부분을 도려내버렸다. 씨가 둘 있었던 것 같다. 씨가 눈처럼 쳐다봤던 것 같다. 버리지 마, 버리지 마, 눈으로 말했는지도 모른다는 생각이 든다. 버리더라도 땅속에 버려줘. 그렇게 마지막으로 애원했을지도 모른다. 아무렇게나 버린 사과씨 눈들이 눈앞에 어른거린다. 넌 단물만을 탐한 놈이다. 넌 짐승이다. 날씨가 영하로 떨어져도 베란다 문을 닫아주지 않는 놈이다. 담배연기가 차야 방문을 잠깐 열어놓는 놈이다.

제발 밥 좀 해먹어라. 우리를 가끔씩 들썩거려줘라.

오래 피어 있는 꽃

 아파트 단지를 돌다 오래 피어 있는 장미꽃을 보았다. 혹시 하는 마음에 향기를 맡아보았다. 흉하게 꽃잎이 떨어져나간 장미꽃 무리. 내가 원한 것은 향기가 아니었다. 설렘도 없이 견디는 자의 모습이었다. 그 자체로도 지독히 붉고 아름다웠다. 이가 휑하니 빠진 사람의 모습이었다. 코를 벌렁거린 내 자신이 부끄러웠다. 어쩔 수 없이, 하염없이. 노지(露地)의 장미꽃은 어떤 의미가 아니었다.
 식탁 위에 올려진 플라스틱 화분에서 소국의 봉오리들이 벌어진다. 나는 소국의 뿌리가 보고 싶다. 자잘한 봉오리들이 더디게 벌어진다. 불투명한 화분 속을 보고 싶다. 소국의 봉오리들은 반복되지 않을 것이다. 누가 말라비틀어진 화분을 집 안에 모셔놓고 기다릴까? 좁은 화분을 파먹는 소국의 뿌리들이 머릿속을 점령한다. 어딘가에 옮겨 심고 싶은 충동을 느낀다. 어떤 경로로 여기까지 왔는지 모를 소국 화분. 그 자리에 그대로 놓여 있다. 누가 자신의 몸과 마음을 들어올릴 수 있을까? 바꿔놓을 수 있을까? 세 줄기의 대에서 벌어지는 봉오리들을 들어올린다. 화분 속을 꽉 채웠을 뿌리들을 들어올린다. 무게가 느껴지지 않는다.

세 권의 시집과 새로 낼 시집 원고를 뒤적거린다. 어떻게 여기까지 왔을까? 어떻게 숨쉴 수 있었을까? 나는 육지 한가운데서 염전의 소금을 꿈꾸었다. 완전한 소금 덩어리가 되는 육체를 꿈꾸었다. 그러나 나는, 그렇게 살아갈 엄두를 내지 못했다. 내가 살아온 날들은 모두 폐허였다. 내가 사랑한 모든 것을 폐허로 만들었다. 걸어온 길이 보이지 않는다. 걸어갈 길이 보이지 않는다.

영국의 어느 섬에는 술을 먹는 사람이 없다고 한다. 술이 뭔지 모르고 대대로 살아온 그들의 생이 그저 궁금하다.

다이빙 선수

 혹시 아는 사람이 있나, 술집들을 기웃거리던 시절의 이야기입니다.

 날이 밝는 것을 보고야 말겠다고 포장마차에 앉아 술잔을 기울이던 시절이 있었습니다. 술을 마시지 않았다면 그 많은 시간을 어떻게 보낼 수 있었을까요? 맡길 것이라곤 당신이 사주신 가방과 18K 반지 반 돈과 학생증이 전부였습니다. 제가 아는 사람들은 그 술집에 앉아 하릴없이 술을 마시고 있었습니다.

 그런 언젠가였습니다. 그 번화한 술집들의 거리에 있던 동동주 파는 집 앞을 지나다 화장실에 가는 낯익은 얼굴을 보았습니다. 나는 그가 화장실에 갔다 나오기를 기다리고 있었습니다. 그러나 어찌된 일인지 그는 화장실에서 좀처럼 나오지 않았습니다. 십 분, 이

십 분이 지나도 나오지 않았습니다.

나는 더이상 기다릴 수 없었습니다. 그의 동료가 앉아 있길 바라며, 동동주 집에 들어갔습니다. 그들은 구석 자리에 앉아 동동주를 마시고 있었습니다. 나는 그들이 권하는 대로 잔을 비우고 돌렸습니다. 내 세상을 만난 것이었지요. 나는 그날, 당신이 사주신 18K 반지를 맡기고 말았습니다. 그들에게도 술값이 없었고 받아줄 만한 것도 가지고 있지 못했던 거지요. 주인 아주머니는 금이 아닌 것 같다고 어금니로 깨물어보았습니다. 내일이나 늦어도 모레는 꼭 찾으러 오겠다고 다짐했습니다. 그러나 다시 그곳에 가지 못했습니다. 내가 왜 그 기간 내에 그곳에 갈 수 없었는지는 당신이 더 잘 알고 있을 겁니다. 나는 그 다음날부터 한동안 밖에 나갈 수도 말을 할 수도 웃을 수도 없었습니다.

우린 다음 술집으로 향했습니다. 언젠가 이삿짐을 옮기고 주인집에 리어카를 가져다주려고 그 술집 앞을 지나다 선배를 만났었지요. 그 선배는 술값이 없다고 리어카를 빼앗아 갔지요. 그 술집에서 막걸리를 마셨지요. 정신이 든 것은 술판이 끝나갈 무렵이었습니다. 나는 자전거를 타고 갔습니다. 계산할 때까지 앉아 있다가는 자전거를 거기다 보관해야 할 판이었지요. 나는 자리에서 일어나 먼저 간다고 말했지요.

"저, 먼저 가겠습니다."

그 술꾼들은 눈이 풀렸고 눈알까지 충혈되어 있었습니다.

오늘은 왜 그러느냐, 할 일도 없으면서 왜 가려고 하느냐, 안 하던 짓을 하면 곧 죽는다, 고 말했습니다.

나는 가방을 둘러메고 밖으로 나왔습니다. 술자리에서는 언제나 가방을 둘러메곤 했습니다. 그렇게 해야 가방이 안전했으니까요.

나는 S자를 그리며 금장고개에 다다랐습니다. 그곳에서부터 내리막길이었습니다. 100미터 남짓한 내리막길이었습니다. 내리막길이 끝나는 곳은 낭떠러지였습니다. 낭떠러지 아래엔 강물이 흐르고 있었습니다. 브레이크는 고장나 있었고 커브에서 좌회전해야 한다는 생각을 미처 하지 못했습니다. 나는 곧 내리막길에서 낭떠러지 위로 날았습니다. 내가 얼마나 높이 그리고 멀리 날았는지는 기억할 수 없습니다. 날아오른 그 짧은 순간만을 기억할 뿐입니다. 어떻게 되는 건지, 어떻게 해야 할지, 대책을 세울 틈이 없었습니다.

날이 뿌옇게 새고 있었습니다. 얼마나 피를 쏟은 것인지 머리는 어지러웠고 몸은 쓰라렸습니다. 언젠가는 이런 일이 있을 거라고 생각했지만, 이렇게 빨리 갑작스럽게 찾아오리라고는 생각하지 못했습니다.

낭떠러지에는 뾰족한 돌들이 쌓여 있었습니다. 그 돌들 위로 떨어졌다니, 이렇게밖에 날지 못했다니, 믿어지지 않았습니다. 이렇게 죽지 않고 살아 있다는 것이 믿어지지 않았습니다. 자전거는 저 아래 강물에 두 바퀴를 담그고 있었습니다. 어떻게 해야 하나? 나보다 멀리 날아간 자전거에게로 갔습니다. 거기에 거울이 달려 있었습니다. 머리와 얼굴은 피투성이가 되어 있었습니다. 내 얼굴이 이렇게 변하리라곤 생각도 해보지 않았는데. 그때까지 그런 악몽을

꾼 적도 없었는데. 돌부리에 입술이 찢어져 있었고 그 돌부리에 부딛힌 이빨 두 개가 부러져 있었습니다. 두 개의 하얀 신경이 너덜거리고 있었습니다.

낭떠러지를 올라갈 엄두가 나지 않았습니다. 그렇다고 해서, 언제까지나 그 자리에서 머뭇거리고 있을 수만도 없었습니다. 자전거는 바퀴가 휘어져 있었고 핸들이 틀어지지 않았습니다. 거기 그대로 내버려두고 갈 수만도 없었습니다. 제대로 몸을 가눌 수도 없었는데, 자전거는 엄청난 짐이었습니다.

자전거를 메고 낭떠러지를 오르기 시작했습니다. 그러다 몇 번이나 굴렀는지 모르겠습니다. 날이 더 밝기 전에 그 구렁텅이를 벗어나야 했는데, 난감할 뿐이었습니다. 피투성이로 걸어가다 누군가를 만난다는 것은 끔찍, 그 자체였습니다. 어디로 올라가든지 만만한 곳이 없었습니다.

어떻게 그 지옥을 벗어났는지, 어떻게 빈집까지 오게 되었는지, 어떻게 잠들었는지 모를 일입니다. 분명한 것은 저녁이 되어 어두워졌다는 것이었습니다. 수돗가에 앉아 핏자국을 닦았다는 것과 옷을 벗어 물에 담갔다는 것, 개가 멀리에서 짖더라는 것입니다. 벌레 소리가 얼마나 설움에 복받치게 했던가, 신경이 입술에 닿아 얼마나 섬찟했던가, 그렇게 입을 다물지도 못하고 피워 문 담배 필터를 어금니로 깨물면서 내 자신을 얼마나 저주했던가. 그렇게 삼 일간 찢기고 갈라진 상처의 아픔을 받들어 모시면서 배가 고픈 것에 대하여 얼마나 증오했던가. 빨대로 물을 마시면서, 언젠가 당신이 벗어놓고 간 청색 남방을 보았을 때, 울컥 넘어오던 그 뜨거운 것은 무엇이었을까요.

나흘째 되던 날 아침이었던가요. 당신이 푸른색 자전거를 타고 올라왔던 것이 그때였던가요. 당신은 그 폐가로 접어드는 일 미터 밖에 안 되는 다리 위에서 따르릉 따르릉, 벨소리를 내곤 했지요. 대나무 숲과 토담 사이로 난 길, 이끼가 파랗게 끼어 있던 길, 당신은 자전거에서 내려 그 길을 오르면서 무슨 생각을 하고 있었을까요. 그 인간 굶어 죽지나 않았을까? 어디에서 넘어져 양조장 도장을 찍어놓고 도를 닦고 있지나 않을까?

당신의 자전거 핸들에는 먹을 것들이 매달려 있었지요. 나는 문에 난 구멍을 통해 당신을 보았고, 문고리를 걸었습니다. 당신은 방문 앞에 벗어놓은 내 구두를 보았고 문이 잠기지 않은 것도 보았습니다. 내 구두는 하나뿐이었지요. 내가 방 안에 있는 것은 당연했지요. 나는 그때, 당신이 돌아가주기를 얼마나 간절하게 바랐는지 모릅니다.

당신뿐만이 아니었지요. 누구에게라도 그런 내 모습을 보이고 싶지 않았습니다. 특히 당신에게는 더더욱 보이고 싶지 않았습니다. 당신은 내 이름을 불러주었고, 불렀고, 애원을 하셨지요.

"제가 잘못했어요. 제발 문 좀 열어봐요. 다시는 안 그럴게요. 제발."

당신이 무슨 잘못을 했는지, 당신도 나도 알지 못하긴 마찬가지였을 겁니다. 당신이 문을 잡고 흔드는 동안, 나는 아무 말도 못 한 채 이불을 뒤집어쓰고 있었습니다. 당신이 제발 가주기를 바라고 있었습니다. 하지만 당신은 가지 못했습니다. 아니, 가지 않았습니다. 그때 당신이 가셨더라면, 나는 다시 당신을 보지 못했을 것입니다. 당신은 가지 못했습니다. 무슨 말이라도 좋으니, 말을 하라고 다 그쳤습니다. 무슨 말이라도 좋으니, 한마디만 하라고 끈질기게 졸랐습니다.

내게 무슨 자격이 있어 당신을 실망시킬 수 있을까요. 당신은 어쩌면 열리지 않는 문을 탓하고 있었을지도 모르겠습니다. 나는 당신이 아는 한 무작정 술을 마시고 책이나 읽는 사람으로 남고 싶었을 따름입니다. 당신은 돌아가지 않았습니다. 그냥 내려가면 다시는 못 오리란 예감이 당신을 사로잡았는지도 모르겠습니다. 어쩌면 수돗가에 벗어놓은 옷가지를 보았는지도 모르겠습니다. 주인 내외가 옛날에 소를 먹일 때 쓰던 물건이었지요. 여물을 주던 구유에 담겨 있는 피범벅이 된 옷가지들을 보고, 당신이 우셨는지도 모를 일입니다. 당신은 울고 있었고 난 울음을 참고 있었습니다.

"문 열어줄 테니, 아무것도 묻지 말아요. 그리고 놀라지 말아요. 약속할 수 없으면 그냥 돌아가세요."

당신은 울고 있었지요. 고갤 끄덕이고 있었지요. 나는 문을 열고 이불 속으로 들어갔지요. 거긴 캄캄한 동굴이었지요. 누가 밖에서 지켜보고 있는 동굴이었지요. 나갈 수도 없고 나가지 않을 수도 없는 덥고 답답한 동굴, 을 당신은 파고 있었지요.

어디를 어떻게 다쳤는지, 당신은 이불을 걷어내고 보려고 했지요. 그리고 당신은 내가 아픈 것만큼 울었습니다.

  시내에 내려갔던 당신이 올라온 건 저녁이었지요. 전자레인지에 데워 온 잣죽을 먹이려고 입을 벌리라고 하던 당신, 소독약으로 상처를 닦아주던 당신, 내일 아침엔 치과에 가자고 팔짱을 끼고 어깨에 머릴 기대오던 당신, 녹이 슨 가마솥을 씻어내고 군불을 지펴주던 당신, 내가 잠든 사이 그 어둡고 먼길을 자전거를 타고 돌아간 당신, 새벽에 깨어나 생각한 당신, 터진 입술에 침을 묻히고 생각한 당신, 대숲을 울렁거리게 하던 바람 같은 당신, 맑은 목소리로 흘러가던 냇물 같은 당신, 찢어진 문종이 사이로 아프게 들어오던 가을 햇볕 같은 당신. 당신이 올 것 같아 문을 열었지요. 아득한 현기증이 나를 붙잡고 싸움을 걸었지요.

    정들었던 지상에서 발을 떼는 순간부터 문제이다
    잠자리 한 마리가 꿈틀거리기를 멈췄을 때
    문이 열리듯, 거미줄이 팽팽해지고, 햇살이
    거미줄을 통과해 간다 하늘은 언제나 한계를 보이는
    유혹일 뿐이다 우리는, 그 유혹을 충분히 음미할 필요가 있다

    날아오르며 땅을 두드릴 수는 있어도
    수많은 벽을 일일이 두드리고 지나갈 수는 없다
    잠자리 한 마리가 남기고 간 것은
    거추장스러운 빈 껍질뿐이다

투명한 잠자리의 영혼은 얼마나 고독할까!
—「잠자리 한 마리가 거미줄을 통과할 때」 전문

당신이 찾아와 상처를 꿰매러 가자, 치과에 가서 치료를 하자, 의치를 해넣자, 부추겼지요. 하지만 나는 어디에도 갈 수 없었습니다. 상처는 스스로 아물어 붙을 것이었고 부러진 이를 드러내고 말을 하지 않아도 살 수 있었고, 웃지 않아도 살 수 있었지요. 말을 하거나 웃으면 바보처럼 보였지요. 제겐 말도 웃음도 필요 없었지요. 일 주일이 지나면서 허옇게 변한 신경을 끊어냈고 상처엔 밴드를 붙였지요.

겨울 방학이 되어 고향에 갔습니다. 저녁 밥상 앞에서 이가 부러진 걸 어머니께 들켰습니다. 어머니는 밥상 앞에서 울음을 터뜨렸지요. 어쩌다 그 모양이 되었느냐, 너를 어떻게 키웠는데 네 맘대로 사느냐, 내일 아침에 가서 당장 이를 해넣어라. 왜 집에 오지 않았는지 이제야 알 것 같다, 시며 손을 잡고 놓아주지 않으셨습니다.
다음날 아침, 첫 차를 타고 읍내에 나가 치과를 찾아갔습니다.
고등학교 다닐 때였지요. 충치가 잠을 못 자게 했지요. 나는 창고로 가서 펜치를 들고 왔지요. 겁이 나기도 했지만 밤새 아플 것을 생각하니 그 방법이 나을 것 같았습니다. 펜치에 충치를 물리고 힘껏 잡아당겼습니다.

치과는 이층이었지요. 그날은 본만을 뜨고 집으로 갔습니다. 삼일 후에 오라고 했습니다. 의사 선생님께서 말씀하셨습니다.

"자넨 참 지독한 사람일세. 대체 어떻게 참았나? 미련한 건지 대단한 건지 모르겠네."

삼 일 후 오후에 치과에 찾아가서 이를 넣었습니다. 거울 앞에 서서 입을 벌리고 비춰보니, 그럴듯해 보였습니다. 내 주머니엔 칠만원이 들어 있었습니다. 칠만원을 다 줘야 한다고 생각하니 좀 억울했습니다. 나는 화장실로 가서 이만원을 뒷주머니에 쑤셔넣었습니다. 그리고 의사 선생님께 가서 고맙다고 말했습니다. 간호사 아가씨가 카운터를 지키고 있었습니다.

"아가씨, 얼마죠?"

"예, 손님. 칠만원입니다."

나는 놀라는 척했습니다.

"오만원이라고 하지 않았어요?"

아가씨는, 분명히 칠만원이라고 말했다 했고, 나는 오만원이라고 했다고 우겼습니다. 급기야는 의사 선생님께서 나오셔서 칠만원이라고 점잖게 말씀하셨습니다. 나는 오만원밖에 없다고 했습니다. 나는 할 수 없이 입을 벌렸습니다.

"죄송합니다. 그럼 이를 뽑아놓고 가겠습니다. 다음에 와서 넣도록 하겠습니다. 정말 죄송합니다."

의사 선생님과 간호사 아가씨 둘, 그리고 치과를 찾은 손님 여러분께서 내 얼굴을 빤히 쳐다보고 있었지요. 의사 선생님께서 말씀하셨지요.

"당신 같은 사람 난생 처음 봐. 됐어. 됐어. 그냥 가!"

저도 그날 그런 의사 선생님을 처음 만났지요. 친구들을 불러내 밤새 술을 마시게 해주신 의사 선생님이었으니까요.

내가 없는 동안 당신은 그곳에 오지 않았습니다. 2월 말에 그곳에 갔을 때였지요. 책과 책꽂이, 책상, 취사 도구와 세면 도구, 비키니 옷장, 옷가지, 그 모든 것들이 지붕도 없는 헛간에 쌓여 있었지요. 주인 내외분이 찾아와 엉망진창인 집 안을 살펴보시고 홧김에 그렇게 하신 거지요. 나는 난감했지요. 당장 어디로 갈 곳이 없었으니까요. 용달차를 부르러 가는 길에 당신이 떠올랐지요. 당신이라면 비에 젖어 얼어붙은 그 물건들보다 못한 나를 틀림없이 받아주고도 남으리란 생각을 했지요. 당신은 제 기대를 저버리지 않았지요. 빈방이 있는데 거기서 당분간 지내라고 했지요. 나는 당분간이 아니라 일 년을 거기서 살아야 했지요.

그해 겨울은 춥지 않았네. 그해 겨울은 아무 일도 없었네. 새끼손가락 걸었네. 다시는 오지 않을 겨울이었네. 눈 오지 않고 해 뜨지 않고 밤만 계속 되었네. 종일 비만 내리고 다시 밤이 되어 잠들지 못했네. 그해 겨울이 가기 전에 방을 비웠네. 마르지 않는 꽃, 꽃을 보았네. 그해 겨울 내내 켜둔 형광등 부르르 떨고 있었네. 거울에도 시계에도 사전에도 책꽂이의 빈칸에도 나는 숨었네. 밤비 오는 소리 창문을 때리고 나의 입술은 이제 아프지 않네. 반지하. 습기 올라와 꽃 마르지 않던 그해 겨울의 방 한 칸. 형광등 흑점 점점 커지던 그해 겨울은 춥지 않았네.

—「잠만 자는 방」 전문

당신은, 당신의 부모님 몰래 밥상을 차려 들어 날랐지요.

붉은 열매를 가진 적이 있다

　당신을 처음 보았던 그 성에 가지 못하고 서울로 올라왔습니다. 당신은 거기, 그곳에 어울리는 사람이라는 걸 새삼 알고 돌아왔습니다. 그 성에서, 그 봄의 성에서, 당신은 김지하의 『애린』을 들고 있었지요.
　나는 봄 잔디밭에 앉아 한 나이 많은 선배와 막걸리를 마시고 있었습니다. 내가 당신이 타고 왔던 그 푸른색 자전거를 세웠을 때, 당신은 눈을 동그랗게 뜨고 나를 보았지요. 후에야 알았지만, 나의 늙고 병든 모습에서, 당신은 기관원을 떠올렸던 것이지요.
　당신이 없는 요 며칠 사이, 나는 새로운 시집의 자서를 적었으며 뒤표지 글을 썼습니다. 당신이 없는 사이에 나는 세 편이나 되는 신작시를 썼습니다.

그 섬을 기억하시겠지요. 지일이라는 섬 아닌 '섬' 말입니다. 당신은 그때, 일 주일에 두 번, 그 섬에 자전거를 타고 올라오셨지요. 신년 첫째 날에 그 섬에 갔다 왔지요. 왜 그 섬에 가보지 않으면 안 되었는지, 어떻게 설명할 수 있을까요. 그 일이 가능한 일이기나 한 걸까요. 설사 설명이 된다고 해도 무엇이 달라질까요.

그곳의 연못은 짙은 고동색이었지요. 기억하고 있을 줄 압니다. 그 연못의 겨울은 처절했습니다. 그 연못의 유일한 표정이었던 연꽃을, 다시는 그 연못에서 볼 수 없을 것 같았습니다. 나는 거기서, 당신과 같이, 어떤 처절한 느낌의 내부를 바라보고 있었습니다.

연못은 포크레인의 손에 의해 파헤쳐져 있었고, 파헤쳐진 연못의 바닥은 얼음에 덮여 있었습니다. 그 처참한 모습을 지켜보면서, 나는 짐작하기조차 힘에 겨운 당신의 내부를 생각했습니다. 그 컴컴함은 예전의 모습으로 연못을 바꾸어놓지 못했지만, 내 마음은 예전의 연못, 그 속에서 숨을 쉬는 수만 마리의 물고기들을 떠올리게 했습니다.

내가 당신의 연못을 파헤친 포크레인이라는 생각이 들었습니다. 그 섬의 고목들, 감나무를 마지막으로 보면서 돌아왔습니다. 얼었다 풀렸다 하면서, 껍질이 터져 흘러내리거나 쪼그라든 열매들, 그러나 아직은 붉은빛인 그 열매들을 보면서, 그 예전의 연못은 저 열매들을 어떻게 담고 있었을까? 나는 그런 생각을 했었습니다.

당신은 떠났습니다. 내게서뿐만이 아니라 서울에서도 떠났습니다. 그러나 언제나 다시 돌아오곤 했었지요. 그걸 믿지 않고는 살 수 없을 것 같은 끝없는 느낌, 그 느낌으로 연못, 처절한 연못을 회상해보았습니다.

십 일 후면 여행을 떠납니다.

사 년 동안 어디 한 번 마음놓고 떠나지 못했지요. 오랫동안 감옥에 갇혀 있는 죄수가 출감 날짜를 세고 있는 느낌입니다.

며칠 전이었지요. 당신이 떠난 직후였지요. 깨진 병조각을 봉지에 주워담다 손을 벤 적이 있었지요. 그 순간, 그 짧은 순간, 손가락이 갈라지는 찰나에 당신이 떠올랐습니다.

언제부터인가 그렇게 되었지요. 나서부터 죽 어머니가 떠올라주었는데 말입니다.

허공 속을 헤매다 보니

1

 우리는 그날, 먹자골목 안에 있는 한 카페에서 맥주를 마셨다. 그것이 삼차나 사차쯤이었을 것이다. 그는 그날도 꽤나 취해 있었다. 그의 고향은 마산이었다. 마산에서 단신으로 서울에 올라온 처지였다. 그는 시를 쓰고 있었으며, 그 즈음엔 장편소설을 써서 출판사에 넘겨놓고 있었다.
 그는 옥탑의 창고를 개조해서 만든 방에서 사글세를 살고 있었다. 옥상엔 수도꼭지 하나가 있을 뿐이었다. 그곳엔 부엌이 없었다. 뿐만 아니라 화장실도 없었다. 삼층에서 일층까지 용변을 보러 다니는 불편을 감수하고 있었다. 겨울이 닥쳐오면, 그는 전기장판 하나에 의지해야 하는 형편이었다.

그는 그날, 이런 말을 했었다.

"이젠, 눈물을 흘리려고 해도 눈물이 안 나와요."

끝까지 내몰린 사람의 심정을 내가 어찌 이해할 수 있겠으며, 상상이라도 해볼 수 있을까?

나는 저번 시집에 이런 말을 끼워넣었다.

'파먹을 수 있는 것,/ 나 자신밖에는 없다.'

언젠가 그가 쓴 소설을 읽은 적이 있었다. 출판사에 넘기기 전이었으니, 그것 또한 다섯 달쯤 되었다. 일 년쯤 묵혀뒀다 탈고했다고 했었다. 그는 곧 그 소설을 출판사와 계약했다. 그는 그날, 계약금을 받았다고 나를 불러냈다.

살다 보면 가끔씩은 믿기 어려운 일을 저지르게 된다. 어딘가에 갇혀 있다고 믿는 사람들은 누구와 술을 마실 때에도 혼자서 마시는 거나 다를 바 없다. 어느 순간부터인가 도를 지나치는 것도 모르는 것이다. 자신의 상처 밑바닥까지 가기 위해서는 완전히 이성을 버려야 하는 것이다. 이성만으로 살아갈 수 없는 자신의 존재를 고통스럽게 지켜볼 수밖에는 없다. 그리고 얻는 건 위로가 아니라, 더 깊은 상처다. 그는 자주 '상실'에 대해 말을 하곤 했다.

그는 중얼거리고 있었다.

"내가 지금 꽃 같은 나이인데, 꽃을 보거나 나비를 보면 황홀해져요. 내게 청춘이란 없었던 게 아닐까요?"

그 카페의 사장은 스물세 살 먹은 여자였다. 그는 그 여자를 끔찍하게 사랑하고 있었다. 아니다. 그에게 그 여자는 마지막 희망인 것처럼 보였다. 그는 그날, 그 여자를 옆에 앉히고 술을 권하고 있었다. 그 카페엔 그의 책꽂이에서 빼온 것으로 보이는 책들이 제법 쌓여 있었다. 그는 그 여자의 목에 걸린 목걸이를 한참 동안이나 쳐다보고 있었다. 그 여자는 그런 그의 시선에 별 반응을 보이지 않았으나 불편해하는 눈치였다.

그가 입을 열었다.

"그 목걸이 어디서 났어요?"

한참 후에, 잔뜩 일그러진 얼굴을 한 그 여자가 말했다.

"○○씨가, 그런 걸 물어볼 자격이나 있어요?"

그는 고개를 떨구고 뾰족하고 검은 자신의 구두를 쳐다보았다. 나는 무안해져서 그 자리를 피하지 않을 수 없었다.

그 카페의 화장실은 밖에 있었다. 화장실에 갔다 나온 나는 계단을 내려갔다. 그 카페는 이층이었다. 계단 밑에서 담배를 한 대 피우고, 편의점까지 걸어가서 신문을 한 부 샀다. 그런 다음에, 다시 카페를 향해 천천히 걸었다. 카페의 간판 불은 꺼져 있었다. 계단 불도 꺼져 있었다. 영업시간이 끝난 것이었다. 아르바이트 생도 가고 없었다. 카페 안에는 그와 여사장, 둘이 앉아 있었다. 그 둘은 서로를 으스러져라 끌어안고 키스를 하고 있었다. 나는 카페의 문을 소리나지 않게 닫고 나왔다.

2

그를 다시 만났다. 그는 내가 사는 이 동에 살고 있었다. 그날 후로 몇 번인가 집으로 전화를 걸었다. 그때마다 자동응답기가 받았다. 그가 소설을 내기로 한 출판사에 전화를 걸어 소식을 물었다. 그는 마산의 집에 내려가 있다고 했다. 그런 것이 다섯 달이 되었다.

일요일 오전, 거실에 앉아 신문을 펼쳐들고 있는데 초인종이 울렸다. 조금 전에 아내가 우유를 사러 나간 것을 생각해냈다. 그러나 정작 문을 열고 먼저 들어온 이는 그였다. 그의 손엔 캔 커피 두 개가 들려 있었고 머리는 감지 않아서 부스스했다.

"요 앞에서 형수님 만나서 같이 왔어요. 그 동안 잘 있었어요?"

그는 하얀 손을 내밀어 악수를 청했다.

그는 들어서자마자 담배를 찾았다.

"책 나왔어요?"

내 물음에 그는 고개를 저었다.

그가 고향에 내려가는 이유는 두 가지였다. 예비군 훈련이 있거나 생활비가 동이 났거나 했을 때였다. 그의 소설은 예비군 훈련을 받으러 고향에 갔다 서울에 올라오는 과정을 그리는 것으로부터 시작되고 있었다.

오후 다섯시까지 그와 지나간 얘기를 했다. 그리고 삼겹살에 소주를 마시러 집을 나섰다. 그는 자신의 소설이 잘 나갔으면 좋겠다는 얘기를 몇 번인가 되풀이했다.
"한적한 바닷가에 집을 한 채 사서, 그곳에서 살고 싶어요."
그런 말을 할 때, 그의 눈은 아이의 눈을 하고 있었다.
언젠가 그가 사는 옥탑에 갔었다. 그 방은 잡동사니들로 가득 차 있었다. 냉장고와 TV, 비디오, 286컴퓨터, 도트 프린터기, 벽에 붙어 있는 야한 사진들, 여기저기 펴지거나 접혀 있는 신문들, 캔 커피의 빈 깡통들, 구석에 처박혀 있는 삐거덕거리는 나무 침대 위에는 철사 줄이 쳐져 있었다.
철사 줄에 빨래처럼 널려 있는 종이들에는 시가 적혀 있었다. 그에게 시를 쓰는 일은 빨래를 하는 일과 같아 보였다. 말리기 위해 널어놓은 시들.
"외도를 한 셈이지요. 소설은 쓰고 싶지 않았는데, 집에서의 송금이 끊기기 직전이라서."
우리는 소주 두 병씩을 나눠 마시고 일어섰다. 날이 어두워지고 있었다.
결국 그와 내가 찾아간 곳은 그 카페였다. 그와 나는 다섯 달 전의 그날처럼 맥주를 마셨다. 그는 자신이 가져다 놓은 레코드판을 턴테이블 위에 올려놓고 있었다. 일곱 병인가의 맥주를 비웠을 때, 나는 더 앉아 있을 이유가 없어졌다. 그와 여사장, 그 둘은 나란히 앉아 속삭이기 시작했다.
마을버스를 타고 집에 돌아왔다. 9시 뉴스가 끝나고 스포츠 뉴스가 시작되었다. 나는 방에 누워 포도송이를 떼어 입에 넣고 있었다.

그때 초인종이 요란하게 울렸다. '이 시간에 벨을 누를 사람이 없을 텐데' 하면서 문을 열었다. 내 앞에 나타난 것은 그였다.

그는 술 한잔 더 하자고 나를 졸랐다. 그는 『젊은 베르테르의 슬픔』 같은 소설을 꼭 한 번 쓰겠다고 했다. 그는 울면서 종이 쪽지 하나를 방바닥에 떨어뜨렸다. 그가 그 카페에서 외상 술을 마신 내역이 거기 적혀 있었다.

"그 여자가 그랬어요. 키스해줄 테니 내일까지 외상값 꼭 갚으래요."

"……"

그 말을 마친 그의 입에서는 길고 깊은 한숨이 쏟아져나왔다.

대숲을 둘러싼 들국화 향기

 책상 서랍을 정리하는데, 사진 한 장이 바닥에 떨어진다. 나는 천천히 허리를 굽혀 떨어진 사진을 주워든다. 사진에는 1987. 10. 12 라고 찍혀 있다. 이 사진을 찍은 날짜일 것이다. 그러나 필름을 인화지로 뽑은 날짜는 한참 뒤일 것이다. 사진의 오른쪽 귀퉁이엔 얼룩이 져 있다.
 나는 87년 가을을 더듬어본다. 사진의 배경인 대숲과 대숲 앞 화단에 핀 들국화를 들여다본다.
 나는 87년 봄부터 그 빈집에 들어가 살았다. 버스가 들어오지 않는 곳이었다.
 나는 그곳에서 아홉 달을 살았다. 외부와는 소식을 끊고 살았기 때문에 나를 찾아오는 사람, 내게 배달되는 우편물은 없었다. 가끔

아랫동네의 구멍가게에 물건 사러 가는 일을 빼고는, 빈집을 떠나지 않았다. 쌀이 떨어져도 시내엔 나가지 않았다. 시내에 나가면 며칠이고 들어오고 싶지 않았기 때문이다.

내가 살던 빈집은, 그 산골에서도 맨 끝에 자리잡고 있었다. 마루에 나가면 동네가 한눈에 내려다보였다. 나는 어두워져서야 아랫동네의 구멍가게에 갔었다. 그런데, 그날은 예외였다. 해가 중천으로 오르지도 않은 시간에 구멍가게에 가겠다고 집을 나섰다.

어느새 빈집의 마당은 쓰레기장이 되어 있었다. 그 쓰레기들 때문에 풀도 제대로 자라지 못하고 있었다. 술병과 통조림 깡통, 비닐봉지, 그리고 구겨서 버린 종이뭉치, 담배꽁초들…… 밤새 뒤척이다 새벽에 잠들었는데, 잠이 깼다. 나는 잠들면 시체가 되곤 하였지만 잠에서 깨어나면 다시는 잠들지 못하는 버릇을 가지고 있었다. 쓰레기장의 구석에 수돗가가 있었다. 그곳에서 얼굴을 씻고 구멍가게가 있는 아랫동네를 향해 걸어내려가고 있었다.

버려진 과수원 울타리에서 탱자가 익어가고 있었다. 길 아래 도랑에서 물소리가 들려오고 있었다. 어느새 내 뱃속의 꼬르륵거리는 소리와 섞여 서로를 분간할 수 없었다. 탱자나무에 앉아 재잘대던 참새들이 한꺼번에 날아올랐다. 참새들은 껑충껑충 허공 속을 뛰어오르고 있었다.

기와집 대문 앞에 스무 살쯤 되어 보이는 여자가 서 있었다. 여자는, 무심히 이쪽을 바라보고 있었다. 나는 기와집 대문 앞에 이르러 고개를 들었다. 여자는 어디론가 사라진 뒤였다.

구멍가게에서 술과 정어리 통조림을 샀다. 나는 그날, 어두운 시간까지 마루에 앉아 술을 마셨고 방에 들어가 시집을 뒤적거리다 잠들었다. 그리고 아침이었다.

방 안에서 듣는 새소리는 처량하기 그지없었다. 그 처량함은 청승맞음으로 옮겨가고, 나중에는 처절한 기분을 만들어놓았다. 그렇게 대숲에서 들려오는 새소리는 아침마다 나를 괴롭혔다. 나는 새소리를 떨쳐버리려고 몇 번인가를 돌아누웠다.

지난여름 태풍의 영향으로 지붕이 날아갔었다. 그때 흠뻑 젖었던 탓에 벽지는 우그러져 있었다. 흉하게 얼룩이 져 있었다. 그 우그러지고 얼룩진 벽지의 꽃들을 들여다보고 있을 때였다. 밖에서 나를 부르는 소리가 들렸다. 가까운 데서 나를 부르는 사람의 목소리였다. 그래도 나는 꼼짝 않고 누워 있었다.

"학생, 집에 없어요?"

아주머니 목소리였다. 그 방에는 문을 거는 고리가 떨어져나가고 없었다. 망설이다간 엉망진창인 방 안을 들킬 참이었다. 마루는 또 어떤가? 밤새 전쟁을 치른 전쟁터와 같았다. 나는 벌떡 일어나 옷을 주워입었다. 아주머니는 머리에 고무대야를 이고 있었다.

"집에 없는 줄 알았는데…… 계셨네."

아주머니는, 마루에 고무대야를 내려놓았다.

"쌀도 떨어졌을 텐데, 밥이라도 해드세요. 저 아래, 기와집 알죠? 어려워 말고 반찬도 가져다 드셔요."

아주머니가 쓰레기장을 돌아나갈 때에야, 나는, 고맙습니다……

라고 중얼거렸다.

해가 중천으로 떠오른 일요일 정오, 나는 들국화 향기를 맡으며 수돗가에 앉아 쌀을 씻고 있었다. 무릎까지 차오른 풀을 헤치고 여자가 나타났다. 어제 대문 앞에 서 있던 그 여자였다. 여자는, 수돗가로 걸어와서 찬합을 내밀었다. 들국화 향이 코끝에서 아른거렸다.

"자, 받아요."

나는 한 손에 밥솥을, 그리고 다른 한 손에 그릇을 들고 있었다. 찬합까지 받아들 손이 남아 있지 않았다. 여자는 턱으로 마루를 가리켰다. 거기에 찬합을 놓겠다는 뜻이었다. 마루에 찬합을 내려놓은 여자는 서둘러, 안녕히 계세요, 라고 말하고 돌아섰다. 내 얼굴을 한 번 쳐다본 뒤 등을 돌렸다. 여자의 종아리에 들국화들이 스치고 지나갔다. 노랗고 짧은 치마가 펄럭이는 것이 나비의 날개로 보였다. 대숲에서 물 빠지는 소리가 들렸다.

나는 돌아가는 여자를 불러 세웠다. 여자는 얼굴만을 뒤로 돌렸다.

"잘 먹을게요."

그 기어들어가는 말을 여자가 들었을 리 없었다.

다시 그 여자가 빈집을 찾아왔었다. 일 주일이 지난 일요일 오전이었다. 그녀의 손에는 찬합이 들려 있었다. 나는 그녀와 마루에 앉아 있었다. 가을볕이 쓰레기장을 따스하게 감싸고 있었다.

그녀는 그때, 교육대학 1학년이었다.

눈을 감고, 사진을 코앞으로 가져다 대본다. 밤새 물 빠지는 소리로 불던 대숲의 바람 소리, 밤새 이슬을 맞아 촉촉하게 젖어 있던 들국화…… 그 들국화가 서리를 맞고 시들어갈 무렵이었다.

신녕에서 하룻밤

눈 속에 묻힌 철길을 건너려다 말고 뒤를 돌아보았다. 헐벗은 은행나무와 눈 덮인 지붕들, 눈발 속에 희미한 'OO미술학원' 창문 안에 켜진 불빛. 이 길을 가다 보면 송덕리가 나올 것이다. 이 자리는 십 년 전에 그 여자와 헤어졌던 장소였다. 지금 미술학원 자리에 커피숍이 있었던가. 그 여자를 처음 본 것도 이 자리고 마지막 본 것도 이 자리였다. 나는 이 골목의 종소리를 들을 때마다 가슴이 답답해져서 견딜 수 없었다. 시간이 다 지난 것 같은, 이제 더이상 기회가 주어지지 않을 것 같은 생각이 들었다.

나는 여자에게 커피숍에 가서 조금만 기다리라고 했었다. 그녀는 일을 보고 나가는 길이었고 나는 일을 보러 가는 길이었다. 여자는 두 시간을 기다리다 지쳐 밖에 나와 있었다. 나는 여자를 데리고 커피숍에 들어갔었다. 물든 은행나무들이 창 밖에 서 있었다. 나는 부리나케 커피잔을 비우고 밖으로 나오고 말았다. 여자는 서울을 향해 갔고 나는 고향으로 내려갔다.

벽돌 공장이 늘어서 있는 길을 걸었다. 불 꺼진 구멍가게가 나왔다. 창문에 싸구려 꽃무늬 커튼을 달고 있는 구멍가게였다. 십 년 전쯤에 모두 사라져버린 줄 알았던 가게, 시골에 하나씩 있었을 법한 가게였다. 트럭이 수천 갈래의 비단실 같은 불빛을 뿌리며 천천히 다가왔다. 나는 길가의 눈구덩이 속에 발을 담그고 트럭이 지나가기를 기다렸다.

눈이 온다고, 점심 무렵부터 술을 마셨다. 白과 나는 역 근처의 포장마차에서 만나 소주를 마시기 시작했다. 술을 마시는 중간에 역에 가서 밤 열한시 기차표를 끊었다. 어디를 어떻게 돌아다녔는지 알 수 없었다. 중간중간 필름이 끊겨, 정작 술을 마신 시간은 한 시간도 안 되는 것 같았다. 白은 역에까지 따라와 손을 흔들어주었다.

문은 안에서 잠겨 있었고, 인기척이 나지 않았다. 금간 유리 테두리에 누런 테이프가 붙어 있었다. 유리의 금을 따라 반창고가 붙어 있었다. 언제 어디선가, 그런 걸 본 것도 같았다. 나는 잠시 망설이다 문을 흔들었다.

"계세요? 아무도 없어요?"

그런 내 목소리는 바람에 날아가고 없었다. 휘잉, 휘잉, 바람이 세

찼다. 길 위에 쌓인 눈이 바람에 날려가고 있었다. 언젠가, 나는 바람에 날아가는 눈가루를 보고 죽은 자의 영혼일 거라고 생각한 적이 있었다. 죽은 자들만 날아다니는 밤의 눈길에서, 나는 산 자의 문을 두드리는 영혼이라는 생각이 들었다. 한참을 그렇게 서 있었다. 발이 시려왔고, 어깨에 걸쳐져 있는 '전동식 타자기'의 무게가 느껴지기 시작했다. 술이 깬다는 징조였다.

"누가 왔소? 이 밤에 누구랴?"

드르륵 소리와 함께 방문이 열렸다. 오십대 중반으로 짐작되는 아주머니의 목소리가 들렸다.

"술 한 병 사가려고 하는데요."

그러나, 내 목소린 그곳까지 들리지 않는 모양이었다. 아주머니의 목소리는 신경질이 잔뜩 담긴 그것이었다. 잘못하다가 또다시 경을 치는 건 아닌지. 고등학교 다닐 때 당한 일이 떠올랐다. 늙은이처럼 새벽잠이 없던 나는 네시쯤 동네 뒷산에 올라가 소리를 질렀다. 그 시간에 동네 슈퍼의 문을 두드렸다. 주인장이 눈을 비비며 나오는 소리가 들리면 그대로 튀는 것이었다. 커튼 뒤에 숨어서 문 두드리기를 기다린 주인장에게 잡혀 그 짓을 그만두게 되었다. 툭, 걸어놓은 문고리가 튀어오르는 소리가 났고 커튼이 바람에 날렸고 육십대 초반으로 보이는, 그러나 실제 나이는 오십대 중반으로 짐작되는 아주머니의 얼굴이 튀어나왔다. 나는 커튼 뒤에 숨어 있던 슈퍼 주인을 생각하고 있었다. 흠칫 놀라서 한 걸음 뒤로 물러섰다.

"미안해서 어쩌지요. 추워서 소주나 한 병 마실까 하고…… 왔는데……."

아주머니는, 살다 보니 별의별 인간 다 보겠다는 표정을 짓고 있었다. 아주머니는 늘어진 내복 차림이었다. 어서 안으로 들어오라, 한 걸음 뒤로 물러섰다. 가게 안에 들어서자 중풍 말기 환자가 된 것처럼 온몸이 마구 떨렸다. 아니 거친 바람에 작은 나무가 흔들리는 형상이었다. 진열장은 비어 있었고 먼지가 쌓여 있었다. 벽지의 버스정류소엘 들어온 기분이었다. 살 것 있으면 빨랑 사가라, 아주머니는 팔짱을 끼고 마루 위에서 발을 구르고 있었다. 그 동작은 털이 다 빠진, 털이 빠지지 않았어도 날지 못하는 거위를 연상시키고 있었다.

"소주하고, 문어발 누른 거 주세요."

나는 옛 하숙집에 가서 잘 생각을 하고 있었다. 그럴 경우를 대비해서, 가끔씩 전화를 해두었다. 나는 추위를 견디며 내가 쓰던 방의 연탄불을 떠올렸다. 아랫목에 검게 탄 자국이 있는 장판이 깔린 방이었다.

"얼마죠?"

나는 파카 주머니를 뒤지기 시작했다. 〈캡틴큐〉나 '사나이 가슴에 불을 당긴다' 그런 광고 문구가 떠오르는 〈삼바 25〉는 그 가게에 있지 않았다. 왼쪽 오른쪽, 안쪽의 왼쪽 오른쪽, 그리고 자크가 달린 윗주머니를 뒤져도 거기 있으리라 믿었던 지갑이 손에 잡히지 않았다. 동전 몇 개뿐이었다. 그럴 리가 없는데. 바지 주머니를 뒤져봐도 상황은 반전되지 않았다. 동전 몇 개뿐이었다. 아주머니는 어이없다는 표정이었고, 그런 표정을 올려다본 내 얼굴은 붉어지고 있었다. 그런 붉어짐은 마음속에서 퍼져나와 얼굴에까지 도달하는 데 많은 시간을 필요로 하지 않았다.

"어쩌지요, 미안해서……."

나는 타자기라도 맡길 생각을 했다. 어렵게 깨워냈는데, 다 망쳤다는 생각에서였다. 아주머니는 그런 내 심정을 읽기라도 하였다는 듯이 말을 꺼냈다.

"그래, 이 밤에 어디까지 가는교?"

아주머니는, 경상도 사투리를 쓰고 있었다.

"송덕리까지 가는데요."

"송덕리가 어덴교?"

아주머니는 생전 처음 들어보는 지명에 '어덴교'라는 말을 꺼냈다. 나는 그때서야 여기가 성환이 아니라는 걸 알아차렸다. '잘못 내렸구나' 그와 동시에 '이젠 어떻게 하지'로 나는 옮겨가 있었다. 이런 빌어먹을, 그 순간에 아버지의 불그스름한 얼굴이 나타났다. '정신 못 차리다 얼어죽기 십상이지' 아버지의 얼굴은 그런 말을 하고 있었다. 어쩔거나, 아주머니는 불쌍한 청춘을, 그 답답한 속을, 날카로운 혀로, 끌끌끌 긁어내고 있었다. 그때, 방 안에 불이 켜지고, 아주머니의 막내둥이 아들쯤으로 보이는 청년이 체육복 차림으로 등장했다.

"청량리 가는 첫차, 일곱시 넘어야 있는데……."

얼어붙어 있는 시계를 보았다. 새로 한시가 조금 넘어 있었다. 나는 폐를 끼쳐 미안하다는 말을 주문처럼 외우며 밖으로 나왔다. 빌어먹을, 눈을 걷어차면서 비틀비틀 역을 향해 걸어가고 있었다.

기차 안엔 사람들이 가득이었다. 미리 표를 끊어놓았으니 망정이지 서서 갈 뻔했었다. 나는 자리에 앉자마자 곯아떨어졌었다. 잠깐 정신이 들었을 때, 기차가 서 있었다. 뿌연 차창 밖을 내다본 것이 화근이었다. 역사(驛舍)와 성환역이란 팻말이 보였다. 나는 부랴부랴 타자기를 들고 일어나 사람들이 들어찬 통로를 비집고 나왔다. 순식간에 일어난 일이었다. 어쩌자고 무턱대고 내리게 됐는지 알 수 없었다.

나는 있는 힘을 다하여 이를 악물었다. 속에서 짐승이 우는 소리가 나왔다. 속았어, 너무 일찍 내렸어, 이렇게 일찍 내리는 게 아니었어. 마음속의 짐승은 우는지 신음 소리를 내는지 괴상망측한 소리를 만들어내고 있었다. ㅇㅇ의원 앞 전봇대에 가로등이 걸려 있었다. 건물 벽에 수직으로 붙은 담쟁이 넝쿨이 보였다. 함박눈은 더욱 커져 바람에 큼지막한 빗살무늬를 그어대고 있었다. 눈길이 끝나지 않을 거라는 생각이 들었다. 이제 어떻게 해야 할지. 이렇게 걷다가 눈길에 묻힐 거라는 느낌을 떨쳐버릴 수 없었다. 얼마 전에 지나쳤던 길인데, 이젠 낯설어져 어딘지 종잡을 수 없었다. 역 근처엔 슈퍼와 정육점, 선물 코너가 있었고, 여인숙이 세 개였던 걸로 기억된다. 그때는 한밤중이었다. 이젠 내가 내린 역명도 헷갈려 알 수 없게 되었다. 그 역에서 내린 사람은 나 하나뿐이었다. 내가 내린 기차에 탄 사람도 없었다. 성환은 경부선을 타야 내릴 수 있는

데, 내가 타고 온 기차는 중앙선을 달렸다. 성환역은, 내가 조금 전에 타고 왔던 무궁화호가 서지 않는 곳이었다. 내가 성환에서 타고 내렸던 기차는 완행 열차였다. 역마다 섰다 가는 바쁠 것 없는 기차였다. 잠들어도 내릴 곳을 지나칠 염려를 하지 않아도 되는 느림보 기차였다.

언젠가 부산에 갔었다. 돈이 떨어져 삼랑진까지만 표를 끊고 갔다. 배가 고파서 잠든 사람들의 눈을 피해 바닥에 떨어져 있던 '못생겨도 맛은 좋아'〈메치메치바〉, 이빨 자국이 남아 있는 초콜릿을 집어들고 화장실에 들어가 먹던 기차.

등뒤에서 불빛이 비치고 있었다. 오토바이 한 대가 다가오고 있었다. 오토바이는 내 옆구리에 와서 고장난 듯 멈췄다. 가게에서 봤던 그 청년이었다. 방이 하나라서……, 차비라도 하라며, 오천원권 지폐를 파카 주머니에 꾹 질렀다. 나는 무슨 말을, 어디서부터 꺼내야 할지 몰라 그대로 서 있었다. 부르릉, 청년은 왔던 길로 오토바이를 달리기 시작했다. 꿈속의 일 같았다. 나는 내 눈에 눈물이 흐르는 걸 보고 있었다. 그러나 그 눈물은 차가운 것이어서 예리한 조각도로 볼을 긁는 아픔을 주었다.

내가 빠져나오기 무섭게 역무원은 역사의 불을 끄고 문을 걸어 잠그고 있었다. 아까는, 그 소리가 아무런 여운도 남기지 않았다. 나는 굳게 잠긴 역사의 문 앞에 다다라, 내가 감옥에 갇힌 것을 깨달았다. 언제 열릴지 모르는 문 앞에 쭈그리고 앉았다. 몸이 떨고 있었다. 얼마 안 가서 뼈만 앙상하게 남을 것 같았다. 옷 속에 온갖 종류의 뼈다귀들이 흩어져 있는 모양을 상상할 수는 있어도, 그렇게 될 수는 없었다. 역사 안엔 불빛이 남아 있지 않았다. 내 짧은 상식으로 비춰봐도, 간이역이라고는 해도 숙직을 서는 역무원이 남아 있을 것이 분명했다. 문을 흔들다 두드리다 종말에 가서는 발로 걸어차기까지 했건만, 안에서는 아무런 반응이 없었다. 여인숙에 들어가서 사정해서 잠을 잘까 생각했으나 잠을 자는 것보다는 이런 지옥에서는 한시라도 빨리 벗어나야겠다는 생각이 앞섰다. 일곱시까지만 견디면 스팀이 들어오는 기차에 탈 수 있다. 그 일념 하나만으로 문을 걸어차기까지 했는데, 필시 역무원이라는 작자는 늙어서 귀까지 막혀버린 사람으로 결론지었다. 담뱃불 하나로 추위를 몰아내고 있었다. 한 시간을 떨다가 시간을 보면 몇 분이 지나 있지 않았다. 그때, 소변이 마려웠다. 화장실의 문도 잠겨 있었다. 대한통운 몇 대가 서 있는 게 보였다. 소변을 볼 생각으로 역사 옆으로 돌아갔는데, 흐릿한 불빛이 커튼 속에서 비쳤다. 난로의 불인 것도 같았고 잠잘 때 켜놓고 자는 흐린 불빛인 것도 같았다. 그 문은 안에서 잠겨 있었다.

"문 좀 열어주세요. 제발 문 좀 열어주세요……."

그렇게 몇 번이고 문을 흔들고 걷어찼다. 한참 뒤에 부스럭거리는 소리가 들렸고 플래시가 켜졌다. 덜커덕 문이 열렸다. 아저씨는 말이 아닌 내 몰골에 플래시 불을 들이댔다. 나는 난로 옆에 놓인 접는 의자에 앉았다. 잘 주무시던 아저씨의 훈계가 얼마만큼 지루했는지, 나는 기억해낼 수 없다. 나는 난로 쪽으로 허리를 구부리고, 오토바이 소리로 코를 골며 잤기 때문이다.

옛 하숙집

1

 내가 변하는 모습은 보이지 않고 주위 사람들이 늙거나 크는 것은 왜 그렇게 잘 보이는지 모르겠다. 조막만하던 아이들이 커서 시집 장가 가서 애들을 데리고 나타날 때, 무슨 말을 할 수 있을까? 참 오랜만이다. 내가 할 수 있는 첫 말은 그것뿐이다. 어떻게 지냈어? 아니면 어떻게 지냈지? 배꽃이 필 무렵, 국화가 필 무렵, 나는 그곳에 가고 싶어진다. 그곳에 가서 딱 하루만 묵고 싶어진다.
 그곳을 떠나온 지 벌써 십오 년이 지나갔다. 그곳에 가고 싶은 것은 십오 년 전이 그립기 때문이다. 하지만 십오 년 전의 사람은 아무도 없다. 풍경 또한 십오 년 전의 것은 어느 구석에도 존재하지 않는다. 그곳에서 십오 년 전을 만난다는 것은 기억으로밖에 가능하지 않다. 나는 그곳을 잊지 않고 있다.

    가끔 술기운을 빌려 그곳에 도착했었다. 술 취한 사람이 제집을 찾아가듯이. 나는 그곳에 가서 십오 년 전을 회상하곤 했다. 나는 '공주집'에 앉아 술을 시켰다. 얼굴이 벌겋게 달아올라 대낮의 거리를 쏘다니기엔 낯이 뜨거웠다. 하지만 다행한 일이었다. 그곳엔 나를 알아볼 만한 사람이 흔치 않았다.

    낮 동안, 흙탕물이 더럽힌 벽이 보인다
    흘러내리다, 얼어붙은
    흙탕물의 더러운 눈물자국

    벽을 환하게 비추고 있는 달빛

    곧 종이 울릴 것 같다

    이 넓고 텅 빈
    자리 없는, 영화관 안

—「벽」 전문

2

　처음 그곳에 갔을 때였다. 하숙을 정하러 같이 갔던 아버지가 가고 없는 그곳에서, 세상 사람들은 언젠가는 고아가 된다는 것을 알았다. 언덕에 올라가 멀어지는 아버지의 뒷모습을 따라가고 있었다. 한 번도 뒤를 돌아보지 않은 아버지가 사라지고, 나는 내 자신이 낯선 존재라는 것을 알았다. 나는 낯선 나를 데리고 갈 만한 곳이 없어, 그 언덕에 앉아 어두워지기만을 기다렸다. 나는 그때부터 두 쪽으로 갈라져서 싸우게 되었다. 한쪽이 가자고 말하면 다른 한 쪽은 그대로 있자고 했다. 한쪽이 우는 모습을 보이면 한쪽은 마음속으로 그 눈물을 즐기고 있었다.
　첫번째 하숙집은, 가난한 집의 돼지처럼 나를 길렀다. 셋이서 이불을 덮고 누우면 꿈틀거릴 공간조차 없었다. 코를 골고 이를 갈고 몸부림을 치면 구박당하기 일쑤였다. 밥상은 공사판의 참과 같아서 꿈지럭대기 선수인 나에게는 반찬이 돌아오지 않았다.
　큰누나는 서른이 넘은 노처녀였으며 할머니는 일흔에 가까웠다. 큰누나는 교회에 다녔고, 할머니는 마실을 가셔서 끼니 때를 잊어버리곤 하였다. 대학생 형은 서울의 학교에 가서 밤늦게 돌아왔으며, 작은누나는 근처의 학교에 다녔는데 형보다 늦을 때가 더 많았다. 십자가엔 예수님이 매달려 있었고, 예수님 위엔 파리가 앉아 있었다. 작은누나는 집에 적응할 수 없는 사람 같았다. 작은누나의 부모님은 없었다. 집안 어디에도 부모님으로 단정할 만한 사진이 걸려 있지 않았다. 나는 그것이 궁금했지만 물어볼 수는 없었다. 앨범에는 부모님의 사진이 있지 싶었지만 안방 문은 잠겨 있었다.

어느 날 학교에서 돌아왔을 때, 집안이 발칵 뒤집혔다. 작은누나가 약을 먹은 것이다. 왜 작은누나가 약을 먹었는지는 소문만 무성할 뿐이었다. 운이 좋았는지, 병원에 실려간 작은누나는 삼 일 만에 집으로 돌아왔다. 그후로 한 달 보름쯤 그 집에 더 살았지만, 작은누나의 얼굴을 보지 못했고 목소리를 듣지 못했다. 작은누나가 쓰던 방은 항상 불이 꺼져 있었다. 나는 침묵이 얼마나 무서운 고문인지, 그때 그곳에서 알았다.

하숙생들은 각자 뿔뿔이 흩어져서 방을 구했다. 나는 토요일 수업이 끝나면 집에 다니러 갔었는데, 그 주일엔 하숙집을 구하러 다녔다. 전봇대에 붙어 있는 '하숙생 구함' '여 종업원 구함'을 보고 찾아다닌 하숙집. 처음 집에서의 실패를 거울 삼아 교인이 아닌 집, 주인 아주머니가 젊은 집, 방이 넓은 집, 집 안이 깨끗한 집을 찾았다.

첫번째 집은 주인 아저씨가 주정뱅이여서, 두번째 집은 아주머니의 성격이 괴팍스러울 것 같아서, 세번째 집은 방이 너무 어둡고 좁아서 마땅치 않았다. 네번째 집은 좀 지저분했다. 양계장을 하고 있었기 때문이었다. 하지만 거실에 쌓아놓은 계란 판을 보자 마음이 동했다. 언제나 계란을 마음껏 먹어보나 했는데, 계란이 주체 못할 정도로 쌓여 있었다. 둘이 방을 쓰는 조건으로 하숙을 정했다. 재웅이란 녀석과 같이 쓰면 무난할 것 같았다. 재웅인 중학교 동창이었지만 졸업 후에 알게 된 친구였다.

첫번째 하숙집에서 석 달을 채운 날 저녁이었다. 전날 싸놓은 짐을 리어카에 옮겨 실었다. 둘이 합친 이삿짐이 리어카 한 대 분도 안 되었다. 녀석이 앞에서 운전하고 나는 뒤에서 밀었다. 이불이 부피를 가장 많이 차지하고 있었다. 언덕은 없었지만 길이 움푹움푹 파인 곳이 있어서, 끄는 것만으로는 무리였다. 녀석은 좀 힘껏 밀라고 다그쳤고 나는 운전이나 똑바로 하라고 대꾸했다.

새로 정한 하숙집에 도착했다. 닭똥 냄새가 한결 더한 것 같았다. 그 집 딸 셋이 대문에 나와 짐을 옮기는 우리 둘을 무슨 신기한 구경거리나 만난 듯 올려다보았다. 그 집 외아들은 중학생이었는데, 양계장 쪽에 서서 뭣이 못마땅한 듯 이삿짐 옮기는 우리 행동을 주시하고 있었다. 나는 그때, 그 녀석의 외관을 보고 공부는 좀 하겠다고 단정지었다. 검은 뿔테 안경을 썼고 이마가 툭 튀어나와 있었다.

이삿짐을 옮겨놓은 우린 리어카를 가져다줄 일 때문에 한바탕 신경전을 벌였다. 둘이 가면 간단할 것을 하나만 가도 충분하다는 생각 때문이었다. 녀석은 입이 툭 튀어나올 정도로 심기가 비틀려 있었다. 나는 리어카를 끌고 갈 마음이 없었다. 아니었다. 리어카 운전에는 자신이 없었다. 몇 년 전에 리어카에 볏짐을 싣고 내려가다 아주머니를 친 적이 있었다. 그 일을 생각하니, 리어카 운전만은 어떻게든 녀석에게 떠넘겨야겠다는 오기가 발동을 걸었다. 결국 녀석은, 셋이나 되는 그 집 딸들을 짐칸에 싣고 대문을 나섰다.

3

각지에서 몰려온 애들과 사귀는 데는 시간이 필요했다. 중학교에서도 마찬가지였다. 초등학교에서 만난 애들과 어울려 지냈다. 고등학교 또한 다르지 않았다. 하숙집은 잠을 자기 위해 밥을 해결하기 위해 가야 하는 곳 이상은 아니었다.

나는 부끄러움에 치를 떨었다. 길을 걸을 때는 고개를 푹 숙였다. 누구 앞에서건 마찬가지였다. 나는 외딴 곳을 찾아다녔다. 빈집에 들어가 서성거렸고 어둑한 냇가에 쭈그리고 앉아 있었다. 할머닌 초등학교 3학년 때 저 세상으로 가셨다. 할머니가 돌아가셨는데도, 나는 사람들에게 내 존재를 들킬까 봐 밖으로 나돌았다.

"너 왜 거기 있어? 빨리 들어가지 않고."

나는 들창을 통해 할머니가 계실 안방을 기웃거릴 뿐이었다.

집에서 가져오는 용돈은 거의 술값으로 치러졌다. 내가 술을 먹는 걸 아는 사람, 본 사람은 별로 없었다. 재웅이가 말 안 했으면 아무도 몰랐을 것이다. 나는 미지근한 소주를 색에 숨기고 다녔다. 세상에 외로움보다 독한 도수의 술이 존재할까? 나는 하늘색 체육복이 마음에 들었다. 그걸 입고 있으면 웬만한 곳에 숨어 있어도 들킬 염려가 없었다.

나는 주소를 아는 모든 사람에게 편지를 썼다. 내가 지금 어디에 있는지 알릴 방법이 그것말고는 없었다. 나는 지금도 어디에 있든, 그때를 생각하고 있고, 그곳으로 돌아갈 수 있다. 내 생각은 어두웠고 뒤죽박죽이었지만 쉽게 지워질 성질의 것은 아니었다. 나는 육하원칙에 의거해 사소한 일까지도 기억하고 있다. 술을 마실수록 선명해지는 그 기억들 밑에 깔려 있다. 그 기억들은 내게 이로운 것이 못 된다. 나는 그때의 기억들 때문에 엉망진창이 되었다. 언제부턴가, 나는 절대로 죽지 않을 거라 여기게 되었는데 그 믿음에 금이 가기 시작한 것이 그 무렵이었다.

나는 연기를 볼 때면 미치지 않으려고 눈을 감아버렸다. 그러나 눈을 감아버리면 더욱 뚜렷해지는 할머니의 얼굴이 머릿속에 가득 찼다. 할머니 얼굴에 있던 점 하나가 커다랗게 변해서 앞을 가로막고 비켜주지 않았다. 할머니가 돌아가시던 날, 집 앞에는 많은 사람들이 모여 있었다. 돼지를 잡고 있었고, 할머니가 쓰던 것들을 태우고 있었다. 사람들이 집 안에 모여 울고 있을 때, 나는 밖에 나와 그 불태운 자리에 앉아 있었다. 속으로 할머니를 부르며 울고 있었다.

    언제나 터널 끝인 노을, 피를 말리는 노을
    어디론가 도망가는 저녁, 노을
                    —「成歡 – 저녁 노을」중에서

이제 생각해보니, 나는 참 이기적인 놈이라는 결론에 이르게 된다. 나는 나 때문에 울었다. 내가 나 때문에 울지 않았다고 한다면,

누군가에 의해 잘못 말해진 게 되리라. 나는 나를 위해 운 기억밖에 가지고 있지 않다. 내가 지금 서러운 것도 그것 때문이다. 그곳 성환엔 어딜 가도 배나무 과수원이 있었다. 처음 일 년간은 배나무가 보이지 않았다. 내가 본 것은 지나친 밝음이었다. 내가 기다린 것은 울음 속인 노을이었다.

골목길을 걸어갈 때, 집 안에서 들려오는 TV 소리는, 내게 '단란한 가정'을 꿈꾸게 만들었다. 금세금세 바뀌는 화면, 움직이는 화면은 내게, 바다 밑을 보여주고 있었다. 일렁이는 물결, 물결들…… 나는 그것이 터질까 봐, 거기 오래 머물지 못했다. 언제 문이 갈라질지 모를 일이었다. 거기 누가 왔우? 나는 어디에서라도 선뜻 앞에 나서서 알은체를 할 자신도 없었고 그럴 만한 주변머리도 못 되었다. 가다 보면 엉뚱한 곳에 다다라 있었다. 매미가 울고 있었다. 나무를 휘저으며 우는 매미들. 가다 보면 그 울음들은 끝이 났다. 누가 보면 대부분의 울음은 창피로 바뀌었다. 하지만 누가 보든지 말든지 듣든지 말든지 울 수밖에 없는 울음은 도리였다. 돌이킬 수 없는 일, 처지에 닿아 있었다.

4

하루는 주인 아저씨를 따라 투망을 들고 냇가로 갔다. 아저씬 웃통을 벗어붙이고 그물을 접어 어깨에 들쳐멨다가는 허공에 원을 그리며 투망질을 했다. 아저씨는 오토바이 기수였다. 색안경을 끼고 거리를 질주하는 늙은 폭주족이었다. 아저씨 말로는, 세상은 한 번쯤 더 살고 싶은 곳이었다.

그물을 추려내자 파닥거리는 고기들이 따라 올라왔다. 아저씬 일일 조수인 나에게 놓치면 안 된다고 주의를 주었고 고기 이름까지 일일이 말해주었다. 종국에 가서는,

"네가 한번 쳐볼래?"

했다. 시범을 보여줬으니, 한번 해 보이라는 것이었다. 내가 던진 투망은 원을 그리기는커녕 바로 앞에서 첨벙 떨어지고 말았다. 양은 양동이에 고기가 반쯤 찼을 때, 아저씬 양은 양동이를 들고 맑은 물이 있는 곳으로 향했다. 나는 물에 젖어 무거워진 투망을 어깨에 걸치고 아저씰 따랐다. 능수능란한 솜씨로 고기의 배를 따던 아저씨가 난데없이 묻는 말이었다.

"넌 무슨 고민이 그리 많으냐?"

나는 곁눈질로 배워가며 아저씨처럼 고기의 배를 따고 있었는데, 무슨 씨나락 까 드시는 소린지 몰라 벙어리가 되었다.

"너 그러다 위장에 탈 나고, 나중엔 몸을 망친다. 고등학생이 공부에나 신경을 써야지 술은 웬 술이냐."

아저씬 더이상 위장이고 탈이고 공부에 대하여 언급을 하지 않았다. 배를 딴 고기를 물살에 헹구고 있었다. 나는 뭐라고 할말이 없었지만 물가에 쭈그리고 앉아 있는 아저씰 물 속에 밀어넣고 싶은 욕구를 참고 참았다. 아저씨나 정신 차려요. 맨날 건달처럼 굴지

좀 말라고요. 그러니 배가 자꾸 부풀어오르는 거 알긴 알아요.

언제였던가? 하숙집에 오는 길에 주정뱅이를 만난 일이 있었다. 그는 막무가내 길을 막고 비켜주지 않았다. 그는,

"하라는 공부는 안 하고, 이 시간까지 어딜 그렇게 쏘다녀?"

로 시작해서,

"니 부모가 알면, 얼마나 가슴 아파할지 생각해봤어, 이 자식아."

로 끝을 맺었다. 길 아래엔 복개중인 시궁창이 있었다. 거기엔 미나리가 자라고 있었다. 밤이었는데도 검은 물이 흐르는 것이 보였다. 역겨운 냄새가 올라오고 있었다. 주정뱅이는 멱살을 잡고 흔들었다.

"이 아저씨가 왜 이래."

잡힌 멱살을 뜯어낸다는 것이, 아저씰 시궁창으로 굴린 것이 되었다.

"어어, 이 자식 좀 봐라."

아저씬 시궁창 물에 얼굴 도장을 찍고 정신이 든 모양이었다. 아저씬 혼신의 힘으로 기어오르려 했으나, 길까지는 팔이 닿지 않았다. 우리집 아저씨와 그 주정뱅이 아저씨는 외사촌간이었다. 아침 일찍 주정뱅이네 아주머니가 하숙집에 찾아와서, 그놈이 누구냐고, 꼭 잡아내서 가만두지 않겠다고, 떠벌리고 있었다. 아저씬 집 앞까지 와서 쓰러졌다는 것이었다.

하루는, 근처에 모여 살던 하숙생 자취생들이 찾아와서 자정이 넘도록 갈 생각을 않고 있었다. 그 녀석들은 출출해진 배를 채우려

고, 거실과 지하실에 있는 계란 판을 슬쩍할 계획을 짜고 있었다. 아주머니도 아저씨도 잠들어 있었다. 하지만 의심이 그 둘을 합쳐 놓은 것보다 곱절은 많은 외아들을 어떻게 잠 귀신으로 만드느냐 가 과제였다. 외아들은 스탠드를 켜놓고 책상에 앉아 꾸벅꾸벅 졸 고 있었다. 조그만 기척이라도 날 경우엔, 눈에 안티프라민을 바른 것처럼 금방 졸음 같은 걸 쫓아낼 위인이었다. 할 수 없었다. 재웅 인 부엌으로 가서 석유 풍로를 가지고 나오고, 나는 지하로 가서 계란 두 판을 들고 집 밖으로 나가는 수밖에 다른 방법이 없었다. 녀석들은 집에 가는 것처럼 먼저 집을 나갔다. 혼자 집 안에 남은 재웅인 외아들의 동태를 살피다 부엌으로 갔다. 캄캄한 부엌에서 풍로를 찾는 일이 쉬울 리 없었다. 재웅인 풍로를 더듬어 찾다 바 닥에 있던 양동이를 차고 말았다. 재웅인 외아들이 방에서 나와 현 관의 불을 켤 시간을 알고 있었다. 풍로를 들고 급히 부엌을 나서 려다 일을 저지르고 말았다. 밖으로 난 부엌문엔 유리가 붙어 있었 는데, 그곳을 머리로 들이박은 것이었다. 집 안이 발칵 뒤집혔다. 녀 석들은 줄행랑을 쳤다. 나는 계란 판을 제자리에 가져다놓고 뒷문 을 통해 화장실에 갔다오는 것처럼 거실로 들어갔다. 풍로는 엎어 져 있었고, 바닥에는 석유가 흥건하게 끼얹어져 있었다. 재웅인 변 명할 말이 터져나오지 않는지 얼굴이 뻘겋게 돼서 서 있었다.

5

　재웅인 얼굴뿐만 아니라 몸 구석구석까지 거무죽죽했다. 녀석과 삼 년간이나 같은 방에서 지지고 볶아서 남은 것이라곤 '갈가리'라 불리던 피부병과 습진, 무좀뿐이었다. 누가 먼저 옮아와서 퍼뜨렸는지 알 수도 없지만, 그건 이제 중요하지 않다. 벌써, 그 병이 없어진 게 언제인지도 모르니까.
　나는 그 일이 있은 그날도 술을 마시고 방에 들어갔다. 문어발 누른 것하고 선양소주 됫병을 색에 넣어 냇가로 갔다. 오후 두시부터 아홉시 몇분까지 냇가에서 술을 마시고, 한숨 잤다. 모기들이 집에 가라고 극성을 부리지만 않았더라도 그 불상사는 일어나지 않았을 것이다. 바람이 세차게 불어왔다. 나는 흔들리는 길 위에서 떨어지지 않으려고 눈앞에 직선을 그리고 걸었다. 하숙집 앞에 도착했지만 속이 울렁거렸고 눈물이 '핑' 돌았다. 정원 화단에는 봉숭아가 피어 있었다. 나는 봉숭아들 앞에 앉아 토하기 시작했다. 순식간에 먹구름들이 지나가고 있었다. '봉숭아들은 왜, 개와 같은 동물이 될 수 없는 걸까?' 속엣것들을 다 쏟아버리면 좋아서 어쩔 줄 몰라할 텐데. 두통이 깊은 계단을 뛰어올라와서 조정석에 앉았다. 나는 잘 끊어지지 않는 침을 뱉고 그 자리에서 일어나 걸었다. 현관문에 키를 넣고 돌렸다. 현관문은 열리지 않았다. 현관문을 열려고 한 것이 현관문을 잠근 거였다. 나는 잠긴 현관문이 열리지 않는다고 조급해했다. 조심조심 닫으려고 마음먹었던 현관문이, 너

이제 걸렸다는 듯이, '꽝' 소리를 내며 닫혔다. 벽시계의 똑딱거리는 소리가 점점 커졌다. 나는 뒤꿈치를 들고 눈에도 선한 방문을 열고 들어갔다. 벽을 더듬어 스위치를 올렸다. 형광등이 부르르 떨기 시작했다. 그리운 사람의 손이 몸에 닿은 것처럼 형광등은 떨고 있었다.

나는 장롱에 붙어 있는 거울 앞으로 가서 고개를 숙이고 있었다. '거울님, 오늘도 내가 잘못했지요?' 누군가의 손모가지에 의해 거울님의 속은 긁혀 있었고, 낙서까지 되어 있었다. '빌어먹을 놈아, 차라리 죽어버려라.' 난 끊임없이 속으로 울고 있지나 않았을까? 나는 속으로 우는 사람이라고 짐작 가는 사람을 본 적이 없었다. 나는 그런 사람의 모습을 상상해본 적도 없었다. 나는 개들이 들려주는 사람들 얘기를 듣고 있었다. 방문이 노크도 없이 열렸다. 아주머니는 러닝만을 입고 계셨다.

"넌 왜 하루같이 그 지랄이냐? 어쩌려고 그 지랄이냐고. 아무래도 집에 연락해서, 아버님 올라오시라고 해야겠다. 아무래도 이대론 안 되겠다."

"……"

"하라는 공분 안 하고, 죽어라고 술만 퍼먹고 다니니 어쩜 좋아. 어쩜 좋아!"

"……"

아주머니는, 아무런 말씀이 없으셨다. 거울 속에도 아주머니의 모습이 없었다. 난 귀신이 곡할 노릇도 다 있다고 생각했다. 뒤를

옛 하숙집 65

돌아보았을 때에도, 아주머닌 퇴장하고 없었다. 문은 잠겨 있었고, 아주머니라고 짐작되는 귀신 그림자는 방 안 어디서도 찾아볼 수 없었다. 나는, '어쩐 일이지, 이럴 리가 없는데······'를 되풀이했다. 나는 이상해서 다시 거울 속을 들여다보았다. 거기에는 조물주님께서 정성을 다해 빚어놓은 걸출한 작품이 거친 숨을 쉬시고 있었다. 아무것도 걸치지 않은 거무죽죽한 작품이 벌떡 일어나 앉았다.

"야, 이 새끼야. 너도 인간이냐?"

그 흠 잡을 데 없는 작품이 내 뺨을 갈겼다. 별이 사방천지에서 쏟아졌다.

"이 새끼야, 아줌마가 들어오면 이불이라도 덮어줘야 할 게 아니야!"

나는 왼쪽 뺨을 두 차례 맞고 방에서 튀어나왔다. 작품은 옷을 입느라 한참 걸렸다. 온 동네 개들이 짖기 시작했다.

"거기 안 서! 너는 오늘 죽었다."

얼마나 열심히 뛰었던가. 방죽이 나왔다. 방죽의 둑을 따라 달렸다. 몇 바퀴나 그렇게 돌았을까? 한참을 정신 없이 뛰다 보면, 작품은 앞에서 뛰어오기도 했다.

"넌 오늘 죽었어······."

비가 주룩주룩 내리기 시작했다. 방죽 어디에서도 작품이 보이지 않았다. 힘이 쭉 빠졌다.

새벽에 방에 들어갔을 때, 작품은 하늘색 체육복을 입고 자고 있었다. 아니, 자는 척을 하고 있었다. 나는 작품의 표정을 보고 그걸 알았다. 잔뜩 굳어 있는 거무죽죽한 얼굴. 금방이라도 눈을 부릅뜨고 벌떡 일어나고 싶지만, 그걸 누르고 있는 작품은 벽을 향해 몸을 돌려버렸다.

"으으음……."

작품의 입에서는 신음 소리가 나왔다.

아침에 눈을 떴을 때, 작품은 보이지 않았다. 서둘러 학교에 갔으리라. 저녁에도 작품은 돌아오지 않았다. 나는 다음날 아침에야 작품을 만날 수 있었다. 언제 어디서 돌아왔는지 몰라도 싱글싱글 웃고 있었다.

"아침 먹을 때, 아주머니 보기 민망하지 않겠어?"

그렇게 물었을 때에도 작품은 변하지 않았다.

"그런 일 가지고 남자가 뭐."

작품은 밥상 앞에 앉아서도 아무렇지 않았다. 오히려 민망한 쪽은 아주머니와 나였다. 작품은 여느 때와는 달리 꼴찌가 될 때까지 밥상에 붙어 있었다.

"아줌마, 잘 먹었어요."

작품은 부엌에 대고, 평소엔 하지 않던 인사까지 하셨다. 배를 쓸어내리면서 방에 들어오셨다.

6

    외아들이 고입 연합고사를 보러 가는 날 아침이었다. 외아들의 검정 운동화가 보이지 않았다. 난 금방 재웅이를 지목했지만, 모두들 나를 지목한 모양이었다. 다들 내 눈치를 살피고 있었다. 시험시간이 가까워오자, 외아들은 기어이 울음을 터뜨렸다. 우린 집 안 구석구석을 이 잡듯이 뒤졌다. 그러나 화단 안에서 한 짝을 찾았을 뿐이었다. 나머지 한 짝은 쉽게 찾아질 것 같지가 않았다. 아저씨 아주머니는 용서해줄 테니, 어디다 던졌는지 빨리 말하라고 다그쳤다. 난 끝까지 결백을 주장했지만 소용없었다. 아무도 나의 결백을 믿어주지 않았다. 언젠가 술에 취해 신발장 안에 있던 신발들을 죄다 담장 밖으로 던진 일이 있기 때문이었다. 재웅이가 집 뒤 시궁창에 빠뜨렸던 운동화를 들고 나타났을 때에도, 그 뒤에도, 나는 용서받지 못할 인간으로 낙인 찍혀버렸다. 믿어주지 않으니 할 수 없었다. 잘못했다고 비는 수밖에 없었다. 외아들은 얼고 냄새 나는 운동화를 신고 오토바이 뒷자리에 앉아서도, 나를 향해 저주에 찬 시선을 거두지 않았다.

7

    옆방에 신입 하숙생이 들었다. 같은 반 애들이었다. 하나는 골초

였고 하나는 여드름쟁이였다. 시간만 나면 거울 앞에 붙어서 여드름을 짜거나 연고를 바르고 있었다. 그러고도 시간이 남으면 역기를 들거나 줄넘기를 했다. 골초와 여드름쟁이는 밤마다 여자를 만나러 시내로 갔다. 그 둘은 질리지도 않는 모양이었다. 하루는, 골초와 여드름쟁이를 골탕먹일 일을 꾸몄다. 골초와 여드름쟁이는 어디서 무엇을 하는지는 몰라도 새벽에야 돌아오곤 했었다. 그 둘은 시계가 깨워주지 않는 한 언제 일어날지 알 수 없었다. 그 둘이 돌아와 잠든 방에 들어간 나는, 창문에 검은색 도화지를 붙이고 시계의 알람 기능을 정지시켰다. 그 둘의 교복과 운동화를 지붕 위에 던져놓았다. 아침에 아주머니에게는, 그 둘이 어제 안 들어왔다고 말했다. 일교시가 끝날 무렵이었다. 골초와 여드름쟁이가 헐레벌떡 뒷문을 열고 교실로 들이닥쳤다. 교복 단추도 제대로 잠그지 않은 채였다.

8

비가 내리는 저녁이었다. 나는 고등학교 친구를 만나고 있었다. 삼 년 전인가 사 년 전인가, 녀석은 부도를 내고 빚쟁이들에게 쫓기고 있었다. 남은 것이라곤 '타우너' 한 대뿐이었다. 아침 일곱시까지 하는 실내포장마차에서 소주를 마셨다. 내가 먼저 녀석에게 물었다.

"넌 성환에 가고 싶지 않냐?"

녀석은 숨이 막히는지 한참 동안 대답을 하지 못했다. 술잔을 비운 뒤에야 녀석은,

"왜 안 가고 싶겠냐."

고 말했다.

"그럼 가보자. 이 빗속을 시원하게 뚫고 말야."

나는 들떠 있었다. 아직 저녁 아홉시 사십분이었다. 우린 근처에 있는 볼링장으로 향했다. 볼링을 치면 술이 금방 깨는 건 아니었지만, 마땅히 할 일이 없었다. 볼링 세 게임을 치고 당구장으로 향했다. 당구장에서 사우나로 가서 땀을 빼고 눈을 붙였다.

밖으로 나왔을 때는 폭우가 쏟아지고 있었다. 녀석은 폭우의 기세에 한풀이 꺾여 있었다. 녀석은

"다음에 가면 안 될까? 앞이 안 보이잖아."

라고 말했다. 녀석은 술이 다 깼고, 난 아직 멀었다.

"내가 운전할게. 넌 그냥 자면 되잖아 임마."

녀석은 할 수 없다는 판단이 섰는지, 기어이 운전대를 잡았다. 차는 안성휴게소에 서 있었다. 운전석에 있어야 할 녀석이 보이지 않았다. 녀석은 자판기 앞에서 서성거리고 있었다. 잠에서 깬 나를 발견한 녀석이 손을 흔들어 보였다.

"야, 발 냄새 한 번 죽여주더라."

차에 돌아온 녀석은 코를 틀어막았다.

"비가 와서 창문도 못 열어놓고, 질식해서 죽는 줄 알았다. 신발

이라도 좀 신고 자든지 할 것이지."

폭우의 기세는 출발할 때와는 비교가 안 될 만큼 약해져 있었다.

"술은 도착해서 먹기로 하고, 우선은 물이라도 마시자."

이십 분만 달리면 도착할 수 있는 거리였다. 날이 뿌옇게 새고 있었다. 우린 우리가 누볐던 길을 지나가고 있었다. 옛날 집들은 어디론가 사라지고 없었다. 어디로 갔을까? 어디로 밀려났을까? 십몇 년 동안 썰물만 계속된 모양이었다. 사람들은 불가능을 사랑할 수밖에 없다고 생각되었다. 지나가면서 버려진 다리를 보았다. 그 다리가 버려질 줄은 그때는 생각지도 못했다. 하지만 그 다리는 흉물처럼 버려져 있었다. 입구에는 풀이 자라고 있었다. 군데군데 뜯어진 콘크리트에는 녹슨 철근이 드러나 있었다. 나는 지금 구경 삼아 여기에 왔구나, 하는 생각이 들었다. 아무리 견고한 건축물이라도 허물어지는 데는 시간이 문제일 뿐이었다. 그냥 하숙집을 지나쳤다. 꼭 거기로 가야 할 이유가 없었다. 그렇다. 이젠 아쉬움 같은 감정은 사치가 되고 말았다. 우린 차가 갈 수 있는 데까지 갈 요량이었다. 포도밭이 나왔다. 앉아서 갈 수 있는 길은 거기서 끝나고 말았다. 비는 그치지 않았다. 포도밭엔 풀만이 억세게 자라고 있었다.

그때 녀석은, 할머니와 같이 자취를 하고 있었다. 녀석은 합기도 도장에 빠지지 않고 다니고 있었다. 2학년 여름방학중이었다. 녀석은 흰색 빤스를 입고 무협지에 빠져 있었다. 그곳엔 포도나무 넝쿨이 쳐져 있었다. 나는 포도 넝쿨을 바라보았다. 신 침이 입 안에 흘러넘치고 있었다. 내 머릿속엔 까맣게 익은 포도밭이 그려졌다. 주렁주렁 종이에 쌓여 익은 포도 송이가 입 안에서 터지고 있었다. 내겐 포도 한 바구니 값인 오천원이 없었다. 저 금빛 물결 출렁이는 양동이 물에 포도 송이를 씻어 먹어봤으면, 하는 생각이 어지럽게 일렁거렸다. 난 참을성 없이 녀석을 꼬드기고 말았다.

"야, 우리 내기 하나 하자?"

녀석은 무협 세계에 흠뻑 젖어 있어서, 내기 따위에 관심을 두지 않았다. 마루는 시멘트였다. 여름인데도 냉기가 솔솔 올라와 엉덩이 싸늘하게 만들었다.

"야, 우리 내기 하나 하자? 저기 저 양동이 물을 한 시간 안에 내가 다 마시면 네가 포도 오천원어치 사는 거고, 만일 내가 못 마시면 내가 사는 거 어떠냐?"

녀석은 회심의 미소를 머금고 일어났다.

"정말이냐? 저 양동이 물을 한 시간 안에 다 비운단 말이지?"

"그래."

난 부엌으로 가서 시뻘건 플라스틱 바가질 가지고 나왔다. 벽시계가 4시 27분을 가리키고 있었다. 못 마실 이유가 없었다. 내겐 오천원이 없었다. 그때, '그까짓 것' 하시는 아버지의 목소리가 들렸다.

세 바가지를 마셨는데, 더 들어가지 않았다. 녀석은 마루에 앉아서 물 마시는 광경을 지켜보고 있었다.

"한 방울이라도 흘리면 안 돼!"

배가 콘크리트처럼 굳어져 있었다. 딸꾹질이 넘어오고 있었다.
"나, 오줌 좀 누고 오마."
나는 변소에 가서 손가락을 입 안에 넣었다. 양수기에서 물이 쏟아져나오듯 했다. 세 바가지 양보다 더 나오는 것 같았다. 나는 퉁퉁 부은 눈을 비비고 양동이에게로 갔다. 바가지 가득 물을 퍼서 마셨다. 꿀꺽꿀꺽, 나는 눈을 질끈 감았다. 다시 한 바가지를 비우고 변소에 갔다 왔다.
"좀 쉬었다 마시자."
나는 마루에 누워 포도 넝쿨을 보았다. 포도 넝쿨 사이로 햇살이 눈부셨다. 배에서 전쟁이 일어났다. 한 시간이 되려면 사십 분이 남아 있었다. 한숨 잘까? 하지만 잠이 오지 않았다. 아니, 자다가는 물을 못 마실지도 몰랐다. 나는 심호흡을 하고 있었다.
"얼마 남지 않았다. 어서 마셔버려!"
녀석은 내게로 와서 머리를 들어올렸다.
"빨리 포도 먹으러 가야지."
마지막 한 방울까지 다 마셨다. 빈 양동일 녀석의 머리에 씌워주었다. 변소에 가는데 눈앞이 아려왔다. 물을 급하게 마셔서 그랬다.
나는 포도밭까지 걸을 힘도 없었다. 하숙방에 가서 누웠다. 녀석이 포도밭에 가서 양동이 가득 포도를 사왔다. 나는 무엇을 먹을 처지가 못 되었다.
"자, 한 송이라도 먹어봐."
나는 돌아누웠다.

"말 시키지 마. 너나 실컷 먹고 포도 똥이나 많이 싸라."
나는 그날 이후로 삼 일 동안 물도 먹지 못했다.
한 달쯤 후에 학교에서 물먹기 대회가 있었다. 녀석은 나를 적극 추천했다.
물이라면 다시는 구경도 하기 싫었다. 그런데, 4일째 되는 날부터 목이 말랐다.

화단 안에
웅덩이를 파고 있는
수탉의 벼슬은
핏빛이다, 핏빛의 그 꽃은
황홀하다

붉고 작은 눈은 언젠가
내 마음이 살다 온 방과
닮아 있다

나는 가끔 끔찍함과 만나는 것이다
아니, 그 끔찍함의 과거와도 만나
그 속에 앉아 있게 되는 것이다

봉숭아 씨방들은

담벼락 밑에서 무엇인가
숨기고 있다,
그걸 터뜨리기 위해
누렇게 익어가고 있다

이 얼음과도 같은
마루에 앉을 때마다 나는
위로를 받곤 한다

죽어가는 포도 넝쿨과 가느다란 철사 줄의 그림자,
움직이지 않는 그물을 드리우기 시작한다
—「포도 넝쿨이 쳐진 마당」 전문

  포도를 먹다 생각난 것은 아니다. 봉숭아물을 들인 손톱을 보거나 수탉을 봐서도 아니다. 갇힌 자의 과거는 갇히는 것이 당연하다. 그렇다. 나는 가끔, 그 자리에 가서 앉아 있는 것이다. 내게는 마르지 않는 우물이 생겼다. 나는 멍청하게 그 우물만을 들여다보고 있었다. 그 여자는 철길을 건너오고 있었고, 나는 건너가고 있었다. 나는 집에 쓴 편지를 부치러 우체국에 가고 있었다. 지금은 없어진 '미납 우편물'을 나는 자주 부쳤다. 물론 누군가가 내게 그런 걸 부쳤다면 사절했을 것이다. 나는 우물에 빠져 있었다. 우물은 십 년 동안을 발버둥쳤지만 나를 놓아주지 않았다. 여자는 트렁크를 들고 있었다. 나는 우체국 가는 길을 잃었다. 여자는 긴 머리를 날리면서 걷고 있었다. 십 미터 이십 미터 뒤에서 여자를 따랐다. 여자는 하숙집 뒷집으로 들어갔다.

언젠가 시내에서 돌아오는 길에 오토바이를 얻어탄 적이 있었다. 동네 형은 타지 않으려고 하는 나를 윽박질렀다. 타지 않으면 죽이기라도 할 기세였다. 형은 엉망으로 취해 있었다. 술 냄새가 역겨웠다. 그런 술을 왜 마실까? 나만 좋으면 된다는 식일까? 속력을 내면서 그 고약한 술 냄새가 더 역겨워졌다. 어디다 들이박을 것 같았다. 허리를 잡고 앞을 보았다. 아니나 다를까. 길에는 웅덩이가 있었다. 그것도 아주 깊이 파인 웅덩이.

"혀엉, 앞에 웅덩이 있어!"

그 소리는 뒤로뒤로 달아나버렸다. 오토바이는 공중으로 날아올랐다. 형은 오토바이 밑에 깔려 내동댕이쳐졌고, 나는 오 미터쯤 날아가서 등을 갈았다.

형은, 지나간 시간에서 오토바이를 달렸다. 그 시간에서 벗어나고자 했지만, 그럴 수 없었다. 그 순간, 형은 자살을 꿈꾸었다. 나는 그 꿈속에 잠시 동행했었다.

9

그 봄날. 오월 셋째 주 일요일 밤. 넝쿨장미가 피어 있는 높은 화단 아래, 나는 그녀를 만났다. 내가 무엇을 어떻게 할 수 있었을까? 가방 끈이 떨어져 가방을 옆구리에 끼고 다녔고 교복 엉덩이가 떨어져 구멍이 났을 땐 가방이 뒤를 가렸다. 난 그 여자에게 아무것도 아니었고 어떻게 될 수도 없었다. 나는 쉽게 단념해버렸다. 배꽃이 피었다 졌다. 그 여자의 창문을 바라보았고 체했을 때처럼 답답했다. 그 여자의 창문에 불이 켜졌을 때, 내 마음은 달 덩어리처럼 부풀었다.

   우연을 가장한 일은 드라마에서나 벌어졌다. 혹시, 그 여자를 다시 만날 수 있지 않을까? 어쩌면 내가 그곳에 간 것은 그런 우연을 바라서일지도 모른다. 그 여자도 언젠가는, 거기에 한 번쯤 들를 것이라고 믿었다.

   가을이었다. 배나무에 단풍이 물들어 있었다. 그 우중충하기만 한 단풍든 배나무 과수원들이 펼쳐져 있었다. 나는 어디로 향하고 있었을까? 나는 언덕 위의 목장까지 걸어갔었다.

   탱자나무의 일생이
   가시까지 푸른빛으로 감싸
   그 속을 짐작하지 못하게 하듯
   나는 마음속에 목장을 하나
   갖고 있다

   목장 안엔 사과나무가 서 있다

녹슨 철조망 안에,
병든 열매들 주렁주렁 달고
사과나무가 서 있다

사과나무 밑은 수없이
긁혀 있다 나는 언젠가
붉게 익은 열매를 가진 적이 있다,
젖소들이 꼬리를 흔든다
갑자기, 채찍을 들어
자신의 몸을 후려친다

파리들이 날아간다
무엇인가 계속 빨아먹을 것이 있다
파리들은 금방 돌아온다,
다시 그 자리에 가서
붙는다

나는 육체의 철조망을 사랑한다
얼룩덜룩 찢어 붙인 무늬들, 젖소들
김이 쏟아져나오는 침묵을
아귀새기고 있다

젖소의 눈은 크고 까맣고 깊다
대낮인데, 내부의 방 안에 불을
켜놓고 있다

이 길을 걸을 때마다 나는
향기로운 건초 냄새를 맡는다
그 냄새는 육체의 철조망 속에서
나는 것이다

—「목장」 전문

　어느 눈이 많이 내린 겨울날이었다. 어떻게 거기에 갔는지도 모른다. 나는 그 방에 누워 있었다. 그 방은 아무것도 바뀌지 않았다. 연탄 아궁이가 있는 아랫목은 검게 타 있었다. 어디선가 비질 소리가 들려오고 있었다. 누군가가 눈을 쓸고 있는 것이었다. 내가 왜 여기까지 왔을까? 왜 또 왔을까? 어젠 분명히 서울에 있었는데, 거기 카페에 앉아 동창들과 술을 마시고 있었는데, 내가 어떻게 여기에 와 있는 걸까?

배꽃 병풍

　노부부가 배꽃 그늘 아래 앉아 참을 들고 있다. 흙먼지가 구불탕 길을 달리는 버스 꽁무니에서 인다. 제사 지내고 싶다. 아궁이 앞에서 앞치마 두르고, 검은 칠의 철판에 기름을 두르고, 솔걸에 불을 붙이고 전질을 하는 어머니 모습이 아른거린다. 흙먼지가 가라앉는다. 논배미들이 멀리까지 층층으로 이어져 있다. 도랑물이 도랑도랑 흐른다. 멀미가 난다.
　잔가지를 쳐 도랑에 내다버린 모양이다. 배나무에는 잔가지가 없다. 상의용사들 같다. 사는 게 전쟁인데 나는 전쟁터에 구경 나왔다. 시엉이 붉은 마디를 키우고 있다. 비비가 퍼렇다. 신맛이 입 안에 고인다.
　선명한 배꽃들이 펼쳐놓은 수백 폭의 병풍 앞에 나는 할말이 없다. 지금이 제사 지내기 좋은 시간데 난 장례를 치른 적이 없다. 나는 또다시 시기를 놓치고 말 거다.

　노부부가 도시락 보따리를 수습하고 있다. 경운기가 부려놓은 두엄을 구덩이 안에 밀어넣고 덮고 있다.

　나 대신 노부부가 무덤을 만드는 거라 생각한다. 이쪽 병풍은 새로운 것일 게다. 아직 완성되지 않은 것일 게다. 병풍 안에서의 움직임. 작업이 이루어지고 있다. 허벅다리만한 배나무 가지들이 징그럽다. 거기 촘촘히 붙어 있는 눈시울들이 망설임에 지친 나를 쳐다보고 있다. 내 망설임은, 나를 망가뜨린 담에야 결정날 거다.

　병풍과 병풍 사이에 엉키고 설킨 길이 있다. 난 엉키고 설킨 실타래를 풀 듯이 길을 걷고 있다. 걸어온 만큼의 실을 끊어야 한다. 그래야 걸어온 자리를 찾아 돌아갈 수 있다.

　독새풀 돋은 무논에서 개구리들이 울고 있다. 누굴 위해 제사 지내지 못하고, 돌아가는 사람의 마음속 병풍을 흔들고 있다.

피아노

1

초등학교 3학년 봄이었다. 우리집 아래채에 선생님 내외분과 다섯 살배기 여자아이가 이사 왔다. 아래채 부엌은 연탄 아궁이로 개조되었고 창문에는 커튼이 쳐졌다. 그뿐만이 아니었다. 어수선하던 집 안은 깨끗하게 치워졌고 큰 소리가 사라졌다. 나는 그런 청결함과 속삭이는 듯한 말소리에 익숙하지 않았다. 나는 도회지로 이사한 것 같은 착각에 빠졌다. 나는 대문에 들어설 때에도 소리를 죽였다. 사나운 개가 있기라도 한 듯, 발소리가 날까 뒤꿈치를 사용하지 못했다. 책보를 내팽개치던 버릇도 고쳐졌다. 앉은뱅이 책상 위에 책보를 올려놓았다. 나는 밤마다 아래채에 불려가 책을 읽고 줄

거리를 더듬더듬 말했다. 낮 동안 산을 휘젓고 다녔던 탓에 졸음이 쏟아졌다. 나는 허벅지를 꼬집으며 외국 동화책들을 읽었다. 나는 말을 더듬지 않으려고 몇 번이고 첫 말을 되풀이해서 속으로 되뇌였지만 번번이 말이 터져나오지 않았다. 얼굴이 시뻘겋게 달아올랐고 숨이 막혔고, 심장이 어디 붙어 있는지 몰랐지만 터질 것 같았다. 그때마다 선생님은 머리를 쓰다듬어주셨다.

"말은 별로 중요하지 않은 거란다. 네가 생각하고 있는 것이 더 중요한 것이지. 말하기 어려우면 글로 써보자. 앞으로는 공책과 연필을 가져오너라."

나는 반은 벙어리나 마찬가지였다. 사람들은 나를 '반벙어리'라고 생각하고 있었다. 말더듬이라는 말이 나오면, 나는 싸울 수밖에 없었다. 마음이 격해져서 욕을 하거나 마음을 가라앉히고 노래를 부를 때는 실타래가 풀리듯이 거침없이 말이 나왔다. 하지만 평상시엔 말이 막혔다. 아니 숨이 막혔다. 나는 질식할 것 같았다. 나는 중학교에 다닐 때까지 책도 제대로 못 읽는 문맹이었다. 나는 나머지 공부가 있는 날에는 선생님 입에서, 이제 가라는 말이 나올 때까지 교실에 앉아 있었다.

2

비 맞은 감나무 아래엔 빗방울 튀긴 감꽃이 떨어져 있었다. 풀줄기에 그것들을 하나씩 꿰었다. 누구를 생각해서도 아니었다. 그냥 할 일이 그것밖에 없었기 때문이었다. 풀줄기 몇 개를 묶어 줄넘기를 만들었다. 굳이 이름 붙인다면 감꽃 줄넘기. 하지만 그걸로 줄넘기를 할 수는 없었다. 그렇게 하면 단번에 감꽃들이 흩어지고 말 것이다. 나는 감꽃이 흩어질 것을 알고 있었다. 그걸 알면서 그렇게 하는 사람은 흔치 않을 것이다. 그 아이가 다가왔다.

"너, 이게 뭔지 알아?"

아이는 생각하지도 않고 고개를 설레설레 저었다.

"그게 뭐야? 그걸 왜 만들었어?"

"너, 이런 줄넘기 갖고 싶지 않아?"

아이는 다시 고개를 설레설레 저었다.

"아니, 갖고 싶지 않아."

그 감나무는 우리집이 이사 오기 전에 살았던 할아버지가 심은 것이었다. 그 할아버지는 사십을 갓 넘기고 지옥으로 가셨다. 나는 죽은 사람은 모두 하늘나라에 간다는 말이 무엇보다 싫었다. 그건 지금도 마찬가지다. 하늘에 계신 우리 부모님이 이 일을 보셨다면 얼마나 기뻐하실까? 나는 비뚤어진 아이여서 그랬을지도 모른다. 비비 꼬여 있는 나무를 보면 만져주고 싶었고 잘라버리고 싶었다.

3

홍수가 지나간 여름 한낮이었다. 냇물은 처음인 듯 맑아졌고 햇살은 살을 익히기에 충분했다. 나는 그 아이를 데리고 냇가로 갔다. 몇 년을 더 살았다고, 풀을 일일이 가리키며 이름을 아느냐고 물었고, 너는 이 다음에 무엇이 되고 싶으냐 묻기도 했다. 그 아이는 넘어지지 않고 따라오는 것만으로도 대단한 일을 하고 있는 건데, 나는 그렇게 풀이름을 모를 수 있냐 구박을 했다.

"나는 이 다음에 피아노가 될 거야."

나는 걸음을 멈췄다.

"넌, 죽었다 깨어나도 피아노는 될 수가 없어. 네가 무슨 나무냐, 피아노가 되게."

학교에 피아노가 딱 한 대 있긴 했다. 하지만 피아노는 아무 때나 치는 게 아니었다. 칸막이로 된 교실이 세 칸 있었다. 그 교실의 칸막이들을 떼어내고 책상과 의자와 교단과 교탁을 복도로 옮겨야 피아노를 칠 수 있었다. 졸업식이 있는 날에나 피아노 소리를 들을 수 있었다.

"그럼 넌 풍금이 돼라. 음악시간이면 언제나 칠 수 있는 풍금. 냇물에 돌 처박을 때 나는 풍금 소리……"

아이는 잔뜩 삐쳐 있었다. 그만 가자고 손을 잡아끌었지만 버티고 서서 울먹이고 있었다.

"빨리 가자. 가서 발 담그고 있으면 속까지 시원해질 거야."

하지만 그 아이는 심기가 뒤틀려 있었다. 꽈배기처럼 꼬인 심기를 풀기 위한 묘약은 없어 보였다.
"나 집에 갈 거야. 집에 가서 엄마한테 이를 거야."
아이는 울면서, 눈에 고인 눈물을 눈가에 비비면서 집을 향해 걸어가기 시작했다.
"야, 집엔 아무도 없어. 너희 엄만 장에 갔단 말이야."
그래도 아이는 걷기를 멈추지 않았고 울음을 그치지 않았다.
"그럼 잘 가! 집에 가면 귀신이 기다리고 있을 거다. 귀신한테 잡아먹힐래."
나는 아이 있는 데까지 가서 아이를 업었다. 그래도 한참 동안 서러움이 멎지 않았다. 가라앉지 않았다. 숨이 턱에 걸려 있었다.
냇물은 골짜기에서 내려오는 거였다. 폭이래야 이 미터가 넘지 않았다. 위로부터 떠내려온 돌들이 냇가에 쌓여 있었다. 물은 깊지 않았지만 맑았고 냉기가 느껴질 정도로 차가웠다.
나는 고무신을 벗어 불에 구운 것 같은 돌무더기 위에 올려놓았다. 그 신발은 떨어질 때까지 신어야 하는 것이었다. 어서 커서 발에 안 맞았으면 좋으련만! 바닥을 질질 끌고 다녀도 바위에 문질러대도 신발은 구멍이 나지 않았다. 그 신을 잃어버리기라도 하는 날엔 맨발 신세가 돼야 하기 때문에 신을 물에 띄우는 장난은 할 수 없었다.
언젠가는 내를 건너다 신이 벗겨져서 물살에 떠내려간 일이 있었다. 홍수가 진 다음날이었다. 물의 속력을 내 달리기 실력으로 따라가는 것은 분명히 무리였다. 그러나 포기하고 앉아 펑펑 울고만 있을 수는 없었다. 신을 잃어버렸다고 쏟아질 비난을 감당해낼 자신이 내게는 없었다. 최소한 며칠은 맨발로 다녀야 할 판이었다. 나는 냇물을 쫓아가면 지고 만다는 것을 누구보다도 잘 알고 있었다. 나는 지름길을 알고 있었다. 모기장을 찢어서 만든 매미채를 들고, 그 길목을 향해 뛰었다.

아이는 사금파리들을 주워다가 소꿉놀이를 하고 있었다. 나는 물속에 발을 담그고 빨간 돌을 주웠다. 물가에서 환타병을 주웠다. 돌 위에 올려놓았던 고무신을 가져왔다. 거기에 맑은 물을 담았다. 울퉁불퉁한 돌을 주워다 고무신 속에서 빨간 돌을 갈았다. 얼마 지나지 않아 고무신 속의 물은 환타 빛이 되었다. 나는 그 물을 환타 병에 채웠다. 환타 병을 물가에 세워놓고 돌을 던지다 돌아왔다. 환타는 맹물이 되어 있었다. 나는 환타 병을 집어들었다.

"야, 그만 집에 가자."

아이는 조금만 더 놀다 가자고 우겼다. 그러나 나는 빨리 집에 가서 해야 할 일이 있었다.

나는 부엌에 가서 사카린 봉지를 들고 나왔다. 그걸 환타 병에 넣고 흔들었다. 그러자 침전됐던 돌가루가 물에 섞여 환타 색깔이 돌아왔다. 나는 부엌에 들어가 대접을 들고 나왔다. 아이는 옆에 앉아서 내가 하는 행동을 지켜보고 있었다.

"오빠, 지금 뭐 하는 거야?"

"응, 환타 만드는 거야. 너 먼저 먹어볼래?"

아이는 미심쩍은지 먹으려 하지 않았다. 계속 내가 하는 행동을 지켜볼 뿐이었다.

"자, 오빠가 먼저 마셔볼게."

소풍 갔을 때 먹어본 그 맛은 아니었지만 비슷한 맛이 났다.

"맛있다. 너도 한 잔 마셔라. 자, 한 번에 쭉 마셔라."

아이는 달콤한 물을 한 잔 마셨다. 색깔이 그럴듯하지 않았다면 아이는 마시지 않았을지도 모른다. 나머지 환타는 내 몫이었다. 그냥 병째로 입을 대고 마셨다. 혓바닥에 돌가루가 붙어 까슬까슬했지만, 사카린의 단맛은 언제나처럼 이상 세계에 도취된 기분을 만들어주었다. 아이의 배에 탈이 난 것은 한 시간이 지나지 않아서였다. 아이는 엄마, 아빠를 부르며 울기 시작했다. 그때에 맞춰 내 배도 아프기 시작했다. 나는 부엌에 가서 럭키치약을 가져왔다. 나는 가끔씩, 아무도 없을 때 치약을 조금씩 짜 먹은 적이 있었다. 그때마다 뱃속이 시원해지는 걸 느꼈다.

"아아, 입 벌려봐. 이 약을 먹으면 뱃속이 시원해질 거야. 금방 가라앉을 거야."

내 배도, 그 아이의 배도, 그날은 좀처럼 시원해지지 않았다. 뱃속은 돌덩이가 들어앉은 것처럼 숨쉴 때마다 결려왔다.

4

나는 눈을 감고 이불 속에서 꼼지락거리고 있었다. 어머니가 깨우러 올 때까지 이불 속의 온기를 음미하고 있었다. 부엌에선 삭정이 부러뜨리는 소리가 딱, 딱, 딱, 들려오고 있었다. 어머니는 가마솥에 물을 끓이고 있었다. 밤새 미지근하게 식었던 방바닥이 달아오르고 있었다. 나는 이불 속에서 하품을 하고 있었다. 물이 끓고 나면 어머니는 틀림없이 나를 깨우러 오실 것이다. 어머니는 이불을 전부 개서 장롱 안에 넣으실 것이다. 바깥마당에서 비질하는 소리가 들려오고 있었다. 나는 지그시 눈을 감았다. 그렇게 비질하는 소리를 듣고 있었다. 얼마나 그렇게 누워 있었을까? 방문이 덜컹 열리고, 어머니가 들어오셨다. 나는 이불이 벗겨져나갈 것에 대비해서, 두 손에 힘을 주어 이불 홑청을 쥐고 있었다.

"얘야, 어서 일어나거라. 밤새 눈이 산더미처럼 내렸단다."

웬일인지, 어머니의 목소리는 잔뜩 가라앉아 있었다. 눈이 왔다는 소리에 귀가 번쩍 열렸다. 이불 속에서 벌떡 일어나 앉았다.

"엄마, 정말 눈이 많이 왔어?"

"못 믿겠거든, 직접 나가 확인해보렴."

활짝 젖혀진 대문을 통해서, 눈을 치우고 계신 선생님 모습이 보였다. 선생님은 하얀 목장갑을 끼고 있었다. 후우, 하얀 입김을 날리고 있었다.

나는 대문 밖에 세워놓은 빗자루를 들고 선생님 곁으로 갔다.

"오늘은, 눈이 와서 일찍 일어난 게로구나?"
나는 눈을 쓸고 계시는 선생님의 옆얼굴을 힐끔힐끔 쳐다보았다. 나는 가끔, 선생님이 불쌍하다는 생각에 빠질 때가 있었다. 선생님은 가끔, 바깥마루에 앉아 공동묘지를 바라보시곤 했었다. 사모님이 연탄재를 들고 나오셔서 마당가에 놓고 들어가셨다. 연탄재에서 지지직거리는 소리가 들려오고 있었다. 김이 모락모락 피어오르고 있었다. 사모님은 둘째아이를 포대기에 업고 바깥마루에 앉아서, 억새꽃 흐드러지게 피어오른 공동묘진지 먼 산인지를 바라보시곤 하셨다.

5

그 아이를 내게 맡긴 사모님은 읍내에 볼일이 있어 집을 비우셨다. 나는 노는 것에 빠져 그 아이를 잊어버리고 말았다. 노는 것에 싫증을 느꼈을 때에야, 그 아이가 없어진 것을 알아차렸다.
"같이 놀자, 응. 오빠, 같이 놀자."
아이의 울음소리가 들리는 것 같았다.
"나 엄마한테 갈 거야. 엄마한테 갈 거라고!"
그 구불구불 휘어졌다 펴졌다 하는 길을 울면서 걸어가는 아이의 모습이 보이는 듯했다. 그러나, 노을이 붉게 물든 들판 어디에도 그 아이의 모습은 없었다. 찾을 수 없었다. 이웃집 아저씨가 아이를 들고 뛰어오는 것이 보였다. 물에 젖은 머리카락, 물에 젖은 옷, 그 하얀 얼굴을 보았다. 아저씬 소에게 먹일 풀을 베다 둠벙에 빠진 아이를 건져왔다고 했다. 벌써 죽어 있었다고 했다. 학교에 계시던 선생님이 달려오셨다.

  어른들은 아이를 흰옷으로 갈아입히고 지게에 지고 공동묘지로 갔다. 나는 얼마를 따라가다가 무서워서 땅바닥에 주저앉고 말았다. 개구리가 울고 있었고 별들이 유리조각으로 변해 눈알을 찔러대고 있었다. 멀리서 불 밝히고 땅 파는 소리가 들려오고 있었다. 누가 좀 와서 불이라도 밝히고 내 몸의 죄를 파갔으면. 그 아이가 길을 잃고 헤매는 꿈을 꾸다 일어나 마시는 숭늉은 쉬어 있었다.

  어디선가 들려오는 피아노 치는 소리. 맑은 물이 작은 조약돌의 얼굴에 슬쩍슬쩍 부딪쳐 내는 그 소리. '나는 이 다음에 피아노가 될 거야' 하던 그 아이의 목소리를, 이 더럽혀진 세상에서는 다시는 들을 수 없으리라.

2

어떻게 여기까지 왔을까? 어떻게 숨쉴 수 있었을까? 나는 육지 한가운데서 염전의 소금을 꿈꾸었다. 완전한 소금 덩어리가 되는 육체를 꿈꾸었다.

무인도

 당연히 사회과부도 같은 데는 안 나와야 하는 곳이어야 했다. 섬 주위 어딘가에 옹달샘이 하나쯤 있어야 하고, 쌀이나 보리, 밀, 감자, 고구마, 옥수수 같은 걸 심을 만한 땅이 있으면 그만이었다. 우린 물통을 실었고, 그것들을 경작할 땅이 있으리라 믿어 종자를 챙겨 실었다. 그리고 아리랑 성냥 한 곽을 빠뜨리지 않았다. 우린 노 젓는 배를 타고 출항했다. 초등학교 4학년 여름방학이었다. 나는 노를 저을 줄 몰랐다. 세희는 아버지가 배를 짓는 일을 업으로 삼아 노를 저을 줄 알았다.
 썰물이 시작되어 물까지 배를 밀고 가야 했다. 다행히 물까지는 뻘이어서 배는 미끄러져 물에 닿았다. 세희는 노를 젓고 있었고, 나는 뱃머리에 앉아 녀석이 꾀를 부리는지 살피고 있었다. 우리의 첫 항해는 순조로웠다. 배는 노를 젓지 않아도 썰물에 밀려 금세 바다 가운데까지 나아갔다.

한여름의 이글거리는 태양이 머리 위에 지켜 서서, 우리의 탈출에 온갖 찬사를 보내고 있었다. 바다 가운데에 나가면 소용돌이가 있다는 말이 생각났지만 그건 어디까지나 말 만들기 좋아하는 어른들이 지어낸 허풍에 지나지 않았다. 우리들이 떠나온 협소한 골목 바다가 아득하리만치 멀어져 있었다. 이젠 누가 쫓아와도 잡히지 않을 자신이 생겼다. 우리는 성공한 것이었다. 우리가 떠나온 천수만이 어린 마음에도 작게만 보였다. 지긋지긋하리만치 들어야 하는 잔소리를 듣지 않아도 되고, 학교도 안 가도 되고, 무엇보다 우리가 하고 싶은 만큼만 일하면 되는 것이었다. 이젠 그랬다. 이렇게 되는 날을 얼마나 오랫동안 꿈꾸어왔던가. 앞으론 어디로도 돌아가지 않으리라. 그런데 눈물이 났다.

언제나 가깝게만 느껴졌던 안면도까지의 거리는 만만치 않았다. 저긴 소나무 숲이다. 아버지가 안면도를 가리키며 했던 말이 떠올랐다. 우리가 살던 육지의 끝에서 보면 안면도는 엄청나게 길었다. 끝과 끝이 보이지 않았다. 우린 우리가 살던 육지의 끝에서 안면도까지의 중간 지점에 이르러 있었다.

힘이 빠졌는지, 세희의 노 젓는 속도도 한결 무뎌져 있었다. 가만히 앉아서 이쪽 저쪽 훑어보는데도 땀이 비 오듯 쏟아지고 있었다. 세희의 얼굴은 빨갛게 익어 있었다. 연신 노란 체육복 앞자락을 걷어올려 땀을 훔쳐내고 있었다. 나는 세희가 안쓰러워졌다.

"좀 쉬었다 해라."

세희는 웃통을 벗어 땀수건으로 썼다. 미풍 한 점 없는 날이었다. 물이 많이 쓸 때는 몇백 미터도 되지 않는 거린 줄 알았는데, 족히 몇 킬로는 되어 보였다. 물길과 뭍길은 눈대중으로는 현격한 차이가 났다.

노 젓는 배는 물 힘에 밀려 보령 쪽으로 가고 있었다. 우린 힘 하나 안 들이고 어딘가로 가고 있었다. 파도의 안마가 뱃전을 때려 흔들의자를 흔들어주는 것 같았다. 우린 눈을 감고 있다 깜박 잠들고 말았다. 나를 깨운 것은 세희였다. 어디선가 들려오는 소리였다. 부-윽, 부-윽, 간간이 무언가를 긁는 소리였다.

눈을 떴을 때, 현기증이 일었다. 태양이 눈앞에 당도해 있었다. 세희는, 붉은 플라스틱 바가지로 물을 퍼내고 있었다. 배 밑에 작은 구멍이 뚫려 있었다. 세희의 물 푸는 간격은 점점 좁혀지고 있었다.

"어떻게 된 거야?"

세희의 표정은 대수롭지 않았다.

"이 정도는 괜찮아."

"정말 괜찮겠어?"

밀물이 시작되었다. 여섯 시간이 흘러간 것이었다. 배 밑에 뚫린 구멍은 넓어져 바닷물이 샘물처럼 솟고 있었다. 우린 너무 많이 흘러온 것이었다. 우린 마음이 급해져 있었다. 우리가 떠나온 곳이 어딘지 알 수 없었다. 나는 어서 뱃머리를 돌릴 것을 재촉했다. 이럴 줄 알았다고 소리치고 있었다. 세희도 당장 어떻게 되기라도 하는 듯, 잔뜩 겁을 먹고 있었다. 처음엔 세희가 사력을 다해 노를 저었다. 그 다음엔 내 차례였다. 계속 물을 퍼내며 팔이 떨어져나가는 아픔도 잊었다. 바닷물을 다 퍼내야 하는 건 아니겠지. 그런 형벌을 받을 만큼 큰 죄를 지었단 말인가. 소용돌이 따위가 있다는 말이 머리에 들어올 리 없었다. 우린 사력을 다해 노를 저었고 바닷물을 퍼냈다. 다시는 노를 젓지 않아도 되고, 바닷물을 퍼내지 않아도 될 때까지. 우린 우리가 누구인지도, 어디에 돌아가야 할 곳이 있는지도 몰랐다.

응급실

 그 동안 몇 번이나 이사를 다녔는지 열 손가락이 모자라게 되었다. 한 달을 채우지 못하고 짐을 싼 집에서부터 이삼 년을 산 집도 있었다. 가까운 곳 편리한 곳 공기가 좋은 곳이 이사하게 된 이유였다.
 90년 봄이었다. 처음으로 전세방을 얻었다. 도봉구 쌍문동이었다. 출판사에 다닐 때였다. 전철을 바꿔타지 않아도 된다는 편리 때문이었다. 나는 출판사 두 군데를 옮겨다닌 후에야 적성에 안 맞는다고 진단을 내렸다. 이 년이 채 안 되는 직장 생활이었다. 술집에서 출판사로 다시 술집으로 이어지는 생활이었다.
 언젠가 카페를 꼭 해보리라 작정하고 있었는데 마침 동료가 카페를 내놓는다는 말에 인수를 결심하고 말았다. 빚을 끌어다 차린

거였다. 전세 보증금은 카페 인수대금으로 들어갔다. 나는 카페 근처에 단칸 월세방을 얻었다. 가재 도구와 장롱 화장대를 놓으니 셋이서 누울 공간도 없었다. 나는 카페에서 자고 먹었다. 일종의 합숙 훈련 같은 거였다. 혼자서 장을 보고 영업을 하고 글도 썼다. 빚을 갚기 위해 태어난 사람 같았다. 빚이 없다면 세상을 살 아무런 이유도 없을 것 같았다. 한 뼘 크기의 단칸 월세방 창문을 떠올렸다. 그 일 년에서 이 년 사이만큼 잡념 없이 살아갈 자신이, 지금도 나에겐 서지 않는다. 그건 앞으로도 마찬가지일 것이다. 그곳에서의 이 년은, 빚을 다 갚아야 나갈 수 있는 이상한 감방이었다.

일과가 끝나는 자정, 정리를 마치고 화양리 집에 가면서도 나는 이를 악물었다. 빚만 갚으면 인생에 서광이 비칠 것으로 알았다. 아이는 첫돌도 지나지 않았다. 학생들의 자취방으로 지어진 방이었다. 좁은 방과 재래식 부엌들이 ㄷ자로 스무 개가 넘게 이어져 있었다. 항상 대문은 활짝 열려 있어서 필요한 사람이라면 누구나 언제든지 드나들 수 있었다. 대문 다음다음 칸이 우리 방이었다. 첫째 칸에는 여대생과 할머니가 살았다. 셋째 칸에는 새벽에 나가서 자정이 지나 들어오는 아주머니와 방지기 아저씨가 살았다. 나는 그들과 얼굴을 마주친 적이 없었다. 설사 어찌어찌하여 얼굴을 마주쳤다고 하더라도 외면하고 말았을 것이다. 나는 그 방에서는 잠을 잘 수가 없었다. 열네 시간쯤 차를 끓이고 안주를 만들고 그것들을 손님 테이블에 나르고 그릇을 씻고 헹구고 청소를 했다. 방지기 아저씨와 아주머니는 새벽까지 괴성을 내고 있었다. 방지기 아저씨는 낮잠을 잤겠지만 아주머니는 식당 같은 데서 하루 종일 치이다 돌아왔을 텐데 이해가 되지 않았다. 그 둘은 잠 귀신에다 색 귀신이었다.

두 달째 되는 날 새벽에 짐을 쌌다. 짐을 싣고 부리고 바로 카페의 문을 열었다. 새로 이사한 곳 또한 좋은 환경은 못 되었다. 가구 수가 적어 소란이 덜할 뿐이었다. 깊은 굴 속 같은 우리의 보금자리는 햇볕이 들지 않았고 사람들 소란 대신 쥐들의 난리가 밤낮을 가리지 않았다. 천장과 부엌에서 법석을 떠는 쥐들의 횡포도 얼마 안 가 익숙해졌다. 세탁기와 찬장, 가스레인지 놓을 자리가 없었다. 연탄 보일러는 오래 쓰지 않아 녹슬어 있었다. 세탁기는 녹슨 대문 옆에 놓고 장판 조각을 위에 덮었다. 찬장은 대문과 부엌을 연결하는 좁고 어두운 통로에 세웠다. 며칠 지나지 않아 먼지가 수북이 내려앉아 있었다. 부뚜막에 가스레인지를 놓았다. 아이의 우유병과 속옷, 기저귀를 수시로 삶아야 했으니 멀리 놓고 쓸 수가 없었다. 그게 불찰이었다. 부모가 될 자격을 갖추고 부모가 된 사람이 과연 세상에 몇이나 될까? 신발을 벗고 가스레인지를 피해 방에 들락거렸다. 방문 바로 밑에 가스레인지가 자리잡고 있었다. 어디 다른 데 놓았어야 옳았다. 불편하더라도 부엌이 아닌 어딘가에 놓았어야 했었다. 나는 평소처럼 카페의 문을 열고 커피 잔들을 소독하고 있었다. 열두시를 전후해서 한 차례 손님들이 몰려오곤 했었다. 나는 누추한 이층 벽돌집 주인 얼굴을 본 일이 없었다. 강원도 원주에서 살고 있다는 말만을 전해들었다. 이층에 세 가구 그리고 아래층에 두 가구가 살았다. 관리를 맡은 세탁소집 아주머니는 얼굴이 얽었고 수다가 보통이 넘었다. 불시에 들이닥쳐 별것도 아닌 얘기를 몇십 분씩 늘어놓기 일쑤였다. 어찌 알았는지, 세탁소집 아주머니가 카페로 전화를 해왔다. 아이가 화상을 입어 응급실에 업혀갔다는 것이었다.

나는 별것 아니겠지 하면서도, '응급실'이란 단어와 '화상'이란 단어에서 석연찮은 어떤 기운을 직감했다. 나는 자전거를 타고 병원 응급실로 달렸다. 애 엄마는 물에 젖은 반바지 차림으로 눈이 퉁퉁 불어 있었고 눈가에 붉은 반점이 번져 있었다. 어깨의 흔들림이 거친 물결처럼 밀려들었다. 애 엄마는 나를 보자 실신할 듯 주저앉았다.

"어떻게 해. 우리 애기 어떻게 해!"

세탁소집 아주머니가 사태의 전모를 들려주었다. 우유병 삶던 물을 덮어쓰고 바닥으로 떨어졌다는 것이었다. 눈 깜짝할 사이에 일어난 일이었다. 애기 엄마가 잠깐 대문 옆 화장실에 간 사이에 일어난 일이었다. 실줄기 같은 물줄기 탓에 고무통에 물을 받아놓고 썼다. 아이의 몸에 물을 퍼붓고 병원으로 업고 왔었다. 아이는 온몸에 붕대를 감고 응급실에서 실려나왔다. 여기서는 가망이 없으니 큰 병원으로 가보라는 말을 남긴 의사는, 다시 응급실로 들어갔다. 119 앰뷸런스를 불러 서울 중앙병원으로 향했다. 가망이 없다, 가망이 없다, 라는 말을 되뇌었다. 응급실엔 빈 침대가 없었다. 복도에서라도 치료를 해달라고 매달렸다. 무슨 절차가 그리도 복잡하고 까

다로운지. 어떻게 어디로 뛰어다녔는지 기억에 남아 있지 않다. 중환자실로 옮긴 아이는 쥐가 파먹은 것처럼 듬성듬성 머리카락이 깎여 있었다. 올 힘이 없어 기진맥진 붕대 속의 쓰라림을 어찌할 수 없어 이리저리 몸을 뒤척이는 아이를 지켜보았다. 애 엄마는 살아날 가망이 15퍼센트라는 말을 듣고 아무것도 할 수 없는 나에게 매달렸다. 각서를 썼다. 가망 없다는 말에 수긍하고 말았다. 그러나 아이는 용케 견뎌냈다. 나는 그런 아이를 지켜봤다. 붕대를 풀고 상처에 소독약을 바를 때의 모습을 지켜봤다. 일반 병실로 옮겨 일주일 만에 퇴원을 했고 통원치료를 받았다. 한참 걸음마를 배울 나이에 평생 동안에 느껴도 모자랄 고통을 한꺼번에 받게 했다. 아이는 뜨거운 물로 씻길라치면 기겁을 하고 달아났다. 초등학교에 다닐 나이가 되었는데도 온탕에는 들어가지 않았다. 한겨울에도 냉탕에 들어가 아무렇지도 않게 장난감을 가지고 놀곤 했다.

언젠가 올림픽대로를 타고 올 때였다. 뒷자리에 앉았던 아이가 병원을 가리키며 물었다.

"아빠, 저게 내 병원이야?"

아이의 손가락이 향한 곳은, 아이가 한 달을 넘게 고통과 싸웠던 그곳이었다.

"아빠, 왜 저게 내 병원이야?"

오동꽃

블록 담 안에서 밖으로 기운 오동나무에 꽃이 피어 있다. 1톤 트럭이 담 밑에 짐칸을 대놓고 생선을 팔고 있다. 생선장수는 문을 열고 운전대 위에 발을 올리고 담배를 피우고 있다. 느긋한 자세다. 나른한 봄날 오후다.

오동나무 꽃이 보랏빛 화관을 늘어뜨리고 있다. 비릿한 향기가 풍기는 것 같다. 코를 간질이고 마는 향긴가 아니면 비염이 도지는 징존가 모르겠다. 잎이 퍼져가고 있다. 방금 전에는 없던 그늘이 트럭 짐칸에 드리워진 것 같다. 다세대 주택과 빌라가 붉은 벽돌로 지어져 있고, 급경사진 언덕 위에 아파트 여러 동이 자리잡고 있다. 큰길을 오가는 차들의 속력 또한 나른하다. 그렇게 느껴지는 것이겠지만 행인들의 움직임도 그러하다. 담장 안 기와집 지붕 위에 등장한 고양이가 활처럼 등을 구부리고 있다. 한번 쭉 편다.

  애를 못 낳는 여자가 있었다. 나는 이십 년 전에 그 여자를 보았다. 우리집 건너편 기와집에 살던 여자였다. 시아버지와 애를 못 낳은 시어머니와 그녀, 그렇게 셋이서 기와집에 살고 있었다. 그녀의 남편은 농협의 서기였다. 오토바이를 타고 오다 가로수를 들이받고 머리가 갈라져 죽었다. 아버지는, 그의 갈라진 머리에 피를 닦아내고 솜을 채웠다고 했다.
  보랏빛 오동꽃이 나른한 몸과 마음을 통해 아득해진다. 그녀는 삼사 년을 남편과 기와집에서 살았다. 이맘때쯤, 기와집 그녀의 방문 앞에는 연보랏빛 발이 쳐져 있었다. 일요일이나 휴일이었을 것이다. 그리고 난 기와집 뒤뜰에 가지가 휘어질 정도로 열린 물앵두를 따러, 붉은 플라스틱 바가지를 들고 갔을 것이다. 그 집 할머니가 앵두를 따다 먹으라고 했을 것이다. 그녀는 허벅다리를 내어 남편의 머리를 받치고 있었다. 그녀의 허벅다리는 파랬고 윤이 났었다. 연보랏빛 발이 그렇게 보이게 했는지는 몰라도, 내가 본 그녀의 허벅다리는 그랬다. 나는 못 볼 것을 보았다. 몸이 화끈거려 얼른 그 자리를 피하지 않을 수 없었다. 그녀는 나를 보지 못했을 것이다. 그녀 부부는 무언가를 속삭이고 있었다. 알아들을 수 없는 속삭임이 들린다. 두런두런거리는, 둘의 목소리가 오동나무 꽃 스피커에서 나오는 것 같다.
  어떤 근거가 있는지는 몰라도, 사철나무 붉은 열매와 오동나무 열매를 다려 먹으면, 애를 낳을 수 있다는 말을 그녀는 믿고 있었다. 기와집에는 앞마당과 뒤뜰에 한 그루씩, 두 그루의 오동나무가 있었다. 그리고 부엌 앞 우물가에 사철나무가 있었다.

기와집에서 피어오르는 연기는 나에게, 그녀에게 먹일 약을 다리는 남편의 정성으로 읽혔다. 그녀의 남편이 죽은 후에도 마찬가지였다. 매운 연기에 눈이 붉어진 그녀의 남편은 부엌에 앉아 있었다. 부채를 부치고 있었다.

기와집 할아버지는 장가를 두 번 갔다. 첫번째 부인은 어린 자식들을 줄줄이 남겨두고 먼저 세상을 떴다. 두번째 부인은 자식을 못 낳아 소박맞은 여자였다. 그녀는 남의 자식을 키우기 위해 할아버지에게 시집왔다. 그 큰집에는 지금, 할머니와 고양이가 살고 있다.

푸른 잎이 바르르 떨고 있다. 남편을 잃은 그녀는, 한동안 집 밖으로 나오지 않았다. 나는 그녀가 사는 기와집이 무서워졌다. 그 근처에 가기를 꺼려했다. 상엿집처럼 음산한 기운을 품고 있는 것처럼 보였다. 그 커다란 상엿집에 할아버지, 할머니, 그리고 그녀가 살았다. 나무대문 열리고 닫히는 소리가 삐거덕거렸다. 부서지는 뼛소리 같았다.

그녀의 얼굴에는 기미가 잔뜩 끼어 있었다. 그녀는 푸른 가방을 들고 화장품을 팔러 다녔다. 내가 고등학생이 되어 잠깐 타지에 가 있는 동안, 그녀는 떠나고 없었다. 기와집 지붕이 한층 어두워졌다. 먹구름이 드리워진 하늘을 받치고 있었다. 그 집 앞마당과 뒤뜰에 선 오동꽃이 아린 보랏빛으로 피었다 졌다.

생선을 팔던 트럭이 자리를 옮기고 있다. 트럭 짐칸에 올려졌던 오동나무 그늘이 바닥으로 내려앉고 있다. 잎이 나오자 꽃이 시들기 시작한다. 아무는 오동꽃에서 속삭임이 들린다. 싱싱한 생선을 외치던 트럭이 큰길로 접어든다.

발 냄새

 토요일 오후, 그녀에게서 전화가 걸려왔다. 그녀는 중학교 앞에서 문구점을 하고 있었다. 오후 세시가 조금 넘은 시간이었다. 그는 한시에 퇴근해서 집에 돌아와 프로야구를 보고 있었다.
 "저, 깜박 잊었는데요. 세탁기에 당신 양말이 잔뜩 들어 있거든요. 오늘 신은 것까지 넣고 돌려주세요. 세탁기에 발 냄새가 밸 것 같아서……"
 그는 알았다고 대답했다. 하지만 응원하는 팀이 공격을 하고 있었기 때문에 세탁기 코드를 꼽고 버튼을 누르는 걸 뒤로 미루었다.

 그의 발에서 냄새가 진동하기 시작한 시기는 정확하지 않다. 그가 고등학교를 졸업할 무렵인 걸로 어림잡아 짐작할 수 있을 뿐이다. 같이 자취하던 친구에게서 옮겨온 것도 같고 그렇지 않은 것도 같다. 군대 갔다 와서 생긴 것도 같다. 아니면 발을 씻기 싫어하는 오랜 습관이 냄새의 원인인 것도 같다. 하여튼 그의 발 냄새는, 그 어떤 발이라도 모방해낼 수 없는 그의 발만이 가지고 있는 독특한 특허품이다. 술을 좋아하는 그는 발 냄새 때문에 무수한 곤욕과 멸시와 천대를 받았기 때문에 이젠 어느 정도 발 냄새의 공포로부터 벗어나 있었다. 발 냄새는 그가 그 자리에 아직 남아 있다는 증거였고 그가 다녀간 뒤에도 한동안 그의 흔적이 되곤 했다.

그는 식당에 가거나 술집에 가거나 방에 들어가 앉는 것을 꺼렸다. 구두를 벗어 발 냄새를 풍겨야 했기 때문이다. 그가 방에 들어서자마자 사람들은 얼굴을 찡그리고,

"누구야!"

아니면,

"누구 거야!"

그렇게 고함을 질러댔다. 그런 다음, 자신의 무죄를 증명하려고 자신의 코에 자신의 한쪽 발을 가져다 대곤 했다. 그가, 자신이 발 임자라고 말할 수 있기까지는 꽤 많은 시간이 필요했다.

"내 거야!"

그는 아무렇지도 않게 말해놓고 능청스럽게 술잔을 들곤 했다. 술이 웬만큼 들어가면, 그는 근거도 없이 억지를 부려 사람들의 후각을 마비시키는 데 도사가 되었다.

"중국에서는, 발 냄새 많이 풍기는 남자가 여자들에게 인기 깹이

라더라."
　그는 그렇게 뱉어놓고, 술잔을 들고 다음 말을 이어가곤 했다.
　"중국에서는, 발 냄새가 정력의 상징이야. 나 같은 사람이 중국에 가면 대접받고 살아갈 몸이시지."
　그가 그렇게 뻔뻔스럽게 되기까지는 수많은 우여곡절이 있었다. 그는 가방 안에 비닐 두 개와 몇 개의 양말을 갖고 다녔다. 언제 어떤 자리가 만들어질지 모르는 상황에서, 발 냄새의 공포 내지는 콤플렉스로부터 벗어날 수 있는 그만의 처방이었던 것이다. 그는 지난번에 다니던 회사를 그만두고 고등학생을 대상으로 과외를 했다. 그는 그때부터 양말을 싸가지고 다녔다. 집 앞에 차를 세우고 차 안에서 새 양말로 갈아신었다.
　그때는 비닐을 갖고 다닐 필요가 없었다. 차 안에 그냥 벗어놓으면 됐으니 말이다. 그의 차 안은, 그가 신고 벗은 양말에서 나는 냄새로 가득했다. 누굴 차에 태우는 일은 없었다. 발 냄새로 가득한 그의 차를 타고 갈 사람도 없었다. 만약에 그의 차를 탄 사람이 있다면 숨이 막혀서, 아니면 머리가 아파서, 제발! 내리게만 해달라, 그렇게 애걸복걸했을 것이다. 그가 과외를 오래 하지 못하고 그만두게 된 직접적인 원인은 다른 데 있겠지만, 간접적인 원인은 별난 발 냄새에 있었다. 양말을 적게 챙겨간 날은 그대로 발 냄새를 달고 공부방으로 들어가야 했다. 아이들은 한 손으로 코를 잡고,
　"선생님, 머리가 아파서 더이상 공부 못 하겠어요."
했다. 그는 능청을 떨었다.

"어디서 간장 달이나?"

그가 그녀를 알게 된 것 또한 그 유명한 발 냄새로부터 시작된다. 친구의 결혼식에 가서였다. 그녀는 신부의 친구였다. 다른 약속이 있어 식사를 끝내고 바로 돌아와야 했는데, 그녀 또한 약속이 있어 오래 앉아 있지 못할 처지였다. 예식장은 성남이었다. 그는 그녀와 동행하게 되었다. 차로 돌아온 그는 서둘러 벗어놓은 양말, 뒤집어진 채 여기저기 쑤셔박힌 양말을 주유소에서 받은 빈 휴지통에 쑤셔넣어 트렁크에 가져다 감추고, 차 안에 팡이제로를 뿌리고 창문을 모두 열고 에어컨을 최대로 틀었다. 팡이제로와 뒤섞인 발 냄새는 그보다 더 지독할 수 없을 정도였다. 성남에서 잠실까지 오는 동안 그녀는, 그 무더운 날씨에도 창문을 내려놓고 있었다.

"이게 대체 무슨 냄새예요?"

이제 그녀는 이렇게 말한다.

"그때, 그게 발 냄새인 줄만 알았어도……"

그가 발 냄새로부터 탈출하려고 노력한 것은, 그녀를 만나고 나서부터다. 처음엔 구두에 깔창을 하고 다녔고 다음엔 파우더를 구두 속에 뿌렸다. 그 다음엔 발가락 양말을 신고 연고를 바르고, 아침저녁으로 발을 씻었다. 나중에는 그녀가 얻어온 노란 가루약을 세숫대야에 풀어놓고 발을 담그고 있기도 했었다. 그러나 온갖 처방의 효과는 그때뿐이었다. 발 냄새는 사라지지 않았다. 그를 떠나지 않았다.

그렇게 못살게 굴던 그녀도 일 년쯤 지나서는 포기하는 것 같았다. 그러나 퇴근해서 욕실에 먼저 들르지 않고 방으로 직행하는 것만큼은 포기하지 않았다. 빨래를 할 때에도 그의 양말만은 따로 모아두었다가 나중에 한꺼번에 돌리게 되었다.

프로야구 중계가 정규방송 때문에 끝이 났다. 그는 건넌방으로 가서 컴퓨터 자판을 치고 있었다. 통신에 정신을 팔고 있었다. 그녀에게서 전화가 걸려왔다.

"양말 헹궈서 널었어요?"

그는 그녀의 부탁을 깜박 잊고 있었다. 그는 거짓말을 하지 않을 수 없었다.

"예, 잘 헹궈서 널었어요."

"그럼, 세탁기에 물 담아놨어요?"

그는 그것마저 거짓말을 할 수는 없었다.

"아뇨. 아직 안 했어요."

"그럼, 어서 물 담아놔요. 냄새 배잖아요."

그는 전화를 끊고, 세탁기가 있는 욕실로 걸어갔다. 코드를 꼽고 세탁 버튼을 눌렀다. 물이 세탁통 속으로 쏟아지는 소리와 세탁기에서 잉잉 하는 소리가 났다. 그는 세제를 퍼서 세탁통에 넣었다. 스무 켤레쯤 되는 양말 사이로 물이 차오르고 있었다.

"씻기 싫으면 잘라버리면 되잖아요."

언젠가, 그가 술 마시고 들어온 밤, 몰래 방에 들어가 누웠을 때, 그녀가 코를 틀어막고 코맹맹이 소리로 했던 말이다.

잉꼬

1

　시내에 갔다 돌아오는 길이었다. 아저씨가 보도에 새장을 올려놓고 새를 팔고 있었다. 나는 언제부턴가 새를 기르고 싶었다. 나는 구경이라도 할 요량으로 차를 세웠다. 옆자리에 앉아 있던 그녀가 '무슨 새 구경이냐' 핀잔을 주었다. 그러나, 나는 아침에 듣는 새 소리가 미치도록 그리웠다.
　"자, 내려봐요. 구경 좀 하고 가자구요."
　"어서 가서, 가게 문 열어야 하잖아요."
　"잠시면 됩니다. 잠시면……."
　그녀는 할 수 없이, 무거운 몸을 차문 밖으로 끌어냈다. 새들은

더위에 지쳐 있었고 지저분했다. 그녀는,
"뭐 이런 걸 구경하자고 시간을 낭비해요."
했다. 나는 할말이 없었다. 새들은 지저귈 힘도 없어 보였다. 그러나 아침마다 새소릴 듣고 싶은 맘은 변하지 않았다. 아저씨에게 새 이름과 그것들의 평균수명, 부화시기, 먹이 등을 물었다. 이왕이면 울음소리가 예뻐야 했고 털이 고와야 했고 키우기 쉬워야 했다.

그녀는 자꾸 손목시계를 쳐다보았다. '뭐 이런 사람이 다 있나' 하는 표정이었다. 언제나 자기만을 생각하는 사람의 행동거지를 힐끗힐끗 쳐다보고 있었다. 나는 앵무새에게 맘이 갔지만 값이 비싸서 키우기에 적합하지 않다고 판단했다. 내가 처음부터 원한 것은 맑은 목소리로 울어줄 새였다. 나는 잉꼬 쪽으로 생각을 돌렸다. 나는 그녀를 쳐다보았다.

"우리도, 잉꼬 한 쌍 키워볼까요?"
역시, 그녀의 생각은, '웃기고 있네'인 것 같았다. 피식 웃는 얼굴이 그것말고는 아무것도 아니었다.

"아저씨, 저 잉꼬로 한 쌍 주세요. 건강한 걸로 주셔야 합니다."
아저씨는, 절대로 죽는 일은 없을 거라고 했다. 물만 잘 갈아주고 모이통만 채워주면, 틀림없이 새끼 잘 낳고 장수할 거라 했다. 그리고 아저씬 명함까지 주었다. 궁금한 것이 있을 때, 언제든 전화하면 자세히 알려주겠다고 했다. 그리고, 일 주일에 한 번은 이 자리에서 장사를 한다고 알려주었다. 나는 그녀의 환심도 사고 내 소원도 이룬 것이라는 데에 의심을 품지 않았다. 그래서 거금 육만원을 아깝지 않게 지불했다.

2

　아파트 베란다 한쪽에 새장을 놓았다. 아이도 새가 생겼다고 좋아했다. 처음엔 다 그런 것이다. 싫증을 느끼기 전까지는 모든 것이 신비하게 마련이다.
　새소리는 귀찮을 뿐이었다. 하루에 한 번 갈아주던 물은 생각이 나야 갈아주기에 이르렀다. 모이통이 비었는지 새가 어디에 있는지 알 바가 아니었다. 무관심이란 바로 그런 것이었다.
　나는 삼 일간 서울에 가서 일을 하고 돌아왔다. 그녀는 내가 돌아올 때까지 가게를 지켰다. 그렇게 가을이 깊어가고 있었다. 그러던 어느 날이었다. 그녀가 잠자는 나를 흔들어 깨웠다. 새가 죽었다는 얘기였다. 언제 집 안에 새가 있었는지도 까마득할 지경이었다. 새는 죽어 있었다. 그녀는 베란다 문을 열어놓고 닫는 것을 깜박 잊었다고 했다. 자신의 불찰이라고 눈물까지 찔끔거렸다. 그녀가 날이 추워졌다며, 새장을 거실로 옮겨야 하지 않겠느냐고 물었을 때, 난 아직은 괜찮을 거라고 새장 옮기는 것을 미뤘었다.
　죽은 잉꼬는 수컷이었다. 암컷은 둥지에 들어가 꼬랑지만 내놓고 있었다. 슬픈 모습을 보이지 않으려고 저러는 것이라고, 그녀가 울먹이는 소리로 말했다.

"어떻게 해요. 묻어줘야지 않겠어요. 불쌍해서 어떻게 해요."

그녀는 더듬거리기까지 하면서 말했다.

"묻어줄 땅이 어디 있어. 그냥 쓰레기 봉투에 넣어 버리면 되지."

그녀는 새의 급작스런 죽음에, 아무렇게나 버리자는 내 인정머리 없는 말에, 부아가 치밀어 얼굴이 뻘겋게 되어서는 나를 쳐다보았다. 그 얼굴에는, '어쩌면 인간이 저러냐'는 투의, 경멸감이 숨쉬고 있었다. 그렇게 잉꼬 한 짝이 죽었다. 나는 일 주일에 한 번씩 서울행 고속버스를 탔고 그때마다 그녀는 가게를 지켰다.

서울에 갔다 돌아온 저녁, 그녀가 친구 얘기를 해줬다. 앞 동에 사는 친구가 찾아왔던 모양이었다.

"경옥이가 뭐라고 했는지 아세요? 저 잉꼬를 보면서요."

그 친구는 입이 걸어서 곧잘 음담패설을 하곤 했었다. 나는 그쪽과 연관시켜 생각해봤다. 하지만, 그 친구가 혼자 남은 잉꼬를 보고 했을 만한 말이 떠오르지 않았다.

"그래, 뭐라고 했을까? 나는 모르겠는데."

그녀가 웃으며 말했다.

"새장 앞에 쭈그리고 앉더니, 한참을 지켜보고 있더라고요. 네 팔자나 내 팔자나 같다고 하면서, 어서 짝을 맞춰주라고 하더라고요."

3

잉꼬를 샀던 자리를 지날 때마다 새장수 아저씨가 있나 살펴보았다. 새장수 아저씨가 한 번만 보였더라도 짝을 맞춰줬을 텐데. 우리집 잉꼬는 먹고 싸고 울기만 했다. 녀석은 새장에 앉아 눈을 깜박거리고 있었고 딱딱 소리를 내며 조를 까먹기도 했다. 겨울이 가고 봄도 다 갈 무렵이었다. 그녀는 거실에 있던 새장을 베란다로 옮겼다. 그녀가 가끔, 새장을 열고 손을 집어넣고 장난을 치는 걸 보았다. 그렇게 하면 잉꼬라는 놈은, 그녀의 손가락을 콕콕 찍었다. 그녀의 목소리는 명랑했고 들떠 있었다.

"너도 외롭지. 외로운 건 어쩔 수 없는 거란다. 외로운 건 살아있다는 증거란다. 외로운 건 어딜 간다고 해서 낫는 병이 아니란다. 죽을 때까지 풀리지 않는 수수께끼 같은 거란다."

그녀가 하던 대로, 새장을 열고 손을 넣었다. 잉꼬는 손을 피해 날개를 푸더덕거렸다. 그때마다 잉꼬의 털과 먼지와 비듬 같은 것이 일어났다. 잉꼬에게 차별당한 다음부터 그런 짓을 하지 않았다. 베란다 창문에는 선팅이 되어 있었지만 뜨거운 햇볕은 베란다 안을 맘껏 달구었다. 불볕 더위가 기승을 부린 어느 날 저녁, 잉꼬가 죽었다는 소릴 그녀에게서 들었다. 방충망까지 열어놔 벌에 쏘여 죽은 것인지 아니면 불볕 더위에 질식해 죽은 것인지 잉꼬는 죽었다. 잉꼬는 죽은 것이다. 잉꼬는 베란다에서 죽은 것이다. 수컷이 죽었을 때처럼 둥지에 머릴 처박고 꼬랑지만 밖으로 내놓고 있었다.

4

그날 밤늦게 전화 한 통이 걸려왔다.
"저예요, 저."
"……"
"지금, 어디예요?"
목소리의 주인공은 상습적으로 술을 마시는 중독자 S였다.
"집이에요. 아, 술집이에요. 이리로 오실래요. 열한시에 막차 있잖아요. 한 시간 걸리는 거리잖아요. 우리, 술 한잔 마셔요. 옆에 있는 줄 알았는데, 없네요. 언제 가셨어요."
"미안해요. 내일 아침에 일이 있어요. 다음에 마시면 안 될까요?"
"할 수 없죠. 할 수 없지요. 다음에요?"
그는 금방이라도, 올 것 같았다.
"그럼, 안녕히 계세요. 안녕히 계시라고요."
전화가 끊어졌다. 내게 남은 것은 오른손이 들고 있는 담배 한 대가 전부였다. 언제 불을 붙였는지 알 수 없었다. 반쯤 타 들어간 담배. 조금만 기다리라고 할 걸 그랬다. 금방 갈 거라고 할 걸 그랬다. 그는 해가 뜬 다음에도 그 의자에 앉아 있을 것이다. 그 시간에 틀림없이 전화가 또 걸려올 것이다. 방금 채워놨다 싶은데, 찻잔이 비었다.

5

　새장을 치웠다. 새장의 기능을 잃어버린 공간에는 빈 둥지가 남아 있었다. 모이는 절반이나 있었고 물통은 말라 있었다. 기억해내자, 기억해내자, 어쩌다 한 번씩 울어주던 새소리. 그 소리의 떨림은, 비 온 뒤 맑게 트인 초원을 바라볼 때의, 마음에서 불현듯 이는 설렘과도 같았다. 아파트 저 아래, 7월의 단풍나무 그늘 아래, 그 새를 묻었다. 새를 묻고 밟을 때의 느낌이 살아났다. 누군가의 발길에 내가 꾹꾹 밟히는 답답함. 모멸감. 어서 썩어라, 어서 썩어라, 어서 썩어 없어져라. 그런 말을 되풀이했던 것 같다. 빌어먹을 인간아, 나는 나에게 언제나 공손해지려나.

　잉꼬는 가끔 새파랗게 펼쳐진 초원의 끝을 구경시켜주었다. 그러나 지금, 그 초원은 상상 속에서 나와, 그림 액자 속으로 들어가 있다. 지금 초원은 어디에 있을까? 새장 안에 갇혀 있을까? 술집에서 노래를 부르고 있을까? 아무것도 모르고 노래를 부르고 있을까!

　근처에 논밭도 없는데 개구리 울음이 가깝다. 부글부글 무엇이 끓고 있는 소리가 들린다. 환청처럼 그의 목소리가 들린다.

　"햇빛이 날 분해해요. 왜 날 가만히 놔두지 않는지 모르겠어요."

　그는 지금, 술잔 속에서 무엇을 보고 있을까. 거기에 무엇을 채우고 있을까.

　책상 위 화분에는, 여섯 개의 구멍이 뚫려 있다. 이름 따위가 왜 필요한지 모르겠다. 난 난초의 이름을 모른다. 저 난초도 마찬가지다. 구멍들을 보고 있으니, 또 난초를 보고 있으니, 여기가 허공이라는 게 느껴진다. 언젠가는 없어질 같힌 공간이라는 게 느껴진다.

측백나무

  그 침엽수의 그늘로부터 이제 멀리 떠나왔다. 결코 그 침엽수는 흔들리지 않았다. 그 어떠한 일이 벌어져도…… 그러나, 그 푸름에는 짙게 멍이 들어앉아 있었다. 가지와 가지 사이에 가랑이를 끼우고 앉아…… 붕붕, 그때는 몰랐지만 머리카락 사이로 몸 구석구석으로 떨어져 박히는 그 무엇, 절망도 희망도 그 사이에 있었다.
  나는 멀리 떠나왔지만, 그곳과의 그리움의 거리는 자꾸 가까워지고 있음을 느낀다. 참새보다 먼저 깨어 밖으로 나가는 아버지, 늙어서도 죽지 않을 것 같은 사람들, 그러나 지금은 어떤가? 돌아오지 않을 것으로 믿었던, 생각지도 못했던 사람들이 젊은 나이로 죽어 돌아왔다. 심장마비, 어느 날 그 침엽수는 아주 절망적인 모습이 되었고 추억의 부스럼을 털고 있었다.

그 침엽수의 열매는 녹색이었다. 그 짙은 녹색의 열매들은 가지 끝에 달려 있고, 나무의 연륜에 의해 세력 안으로 들어가 흙색으로 변했다. 입을 벌리고 불임의 씨를 뱉었다. 그 아래엔 검은 흙이다. 아니 그 흙은 애초 보이지도 않았다. 떨어진 열매의 껍데기와 나무의 부스럼이 덮고 있었다. 검은 흙을 뚫고 올라온 키 큰 잡풀들은 일 년 뒤에 더 많은 씨를 뿌렸고, 그곳은 불모의 땅이 되었다. 희망의 저 밑에서 고개 쳐들고 일어나는 고통, 그 침엽수 몇 그루는 세력이 왕성했다. 그것은 일종의 불안이었다. 손 벌리는 희망의 세력…… 작은 손 안에는 터지고 싶은 녹색의 열매들이 주렁주렁 달려 있었다. 살아감, 그것은 거대한 고통의 뿌리였다. 어른들은 그 나무의 가지를 톱질했다. 그러나 매해의 톱질은 부질없었다.

달빛이 그 침엽수의 촘촘한 그늘을 방 안까지 쓰러뜨렸고, 나는 치통을 앓고 있었다. 날이 밝으면 해청(海靑)의 돌팔이 의사를 찾아가 썩은 이빨을 뽑는다. 나는 담(痰)과 암(癌)을 구별하지 못한다. 어머니는 담이 결려 며칠씩 누워 있었다. 나는 담담함과 암담함의 차이를 알고 있었다. 주머니 속에 콩을 넣고 문지르던 육체의 아픔을. 집에는 아무도 살지 않는다. 열매들은 저 혼자 떨어진다.

뜨거움을 참지 못할 때, 뜨거운 곳에서 콩은 튄다. 나는 튀는 콩의 온도를 느끼고 싶다.

겨울 별

 추위에 떨다 깨어나니 벤치였다. 주택 밀집지역 놀이터 벤치까지 어떻게 걸어왔는지 알 수 없었다. 높은 데서 샛별들이 놀이터를 쳐다보았다. 날은 맑게 개어 있었고 눈들은 얼어붙어 있었다. 난 야전 잠바에 몸을 구겨넣기 위해 여러 가지 포즈를 취했다. 하지만 야전 잠바는 자꾸 작아져서 얇아져서, 어디 한 군데를 제대로 덮고 가릴 수 없었다. 난 야전 잠바를 수직으로 바꿔 덮었다. 얼굴이 가장 추웠다. 덥수룩한 머리를 검정 비닐 가방에 얹었다. 머리가 지끈거렸다. 나는 어디로 걸어가고 있었는가. 나는 어디로 가고 있었는가. 낯선 도시였다. 수십 개의 십자가가 불을 켜고 있었다. 내가 누구인지. 무엇 하러 여기까지 왔는지. 귀가 찢어질 듯이 시렸다. 검정 비닐 가방 지퍼를 열었다. 세 권의 책과 한 권의 연습장을 꺼냈다. 머리를 가방 안에 쑤셔넣었다. 그리고 지퍼를 잠갔다. 가랑이 사이에 손을 끼고 웅크리고 있었다. 잠이 올 리 없었다. 거센 바람이 얼어붙은 빙판에서 가루눈을 날리고 있었다.

너무 일찍부터 마시기 시작했다. 빈속에 들어간 알코올이 불을 지피던 술자리를 더듬어보았다. 내가 왜 여기까지 오게 되었는지 기억이 없었다. 펑펑 눈이 오는 거리를 걷던 기억이 듬성듬성 남아 있을 뿐, 이 벤치에 보금자리를 틀게 된 과정을 짐작해낼 수 없었다. 또 자전거는 어디에 받쳐놓았는가. 주머니를 뒤지기 시작했다. 동전 하나 만져지지 않았다. 여기가 먼 도시라면, 어떻게 돌아갈 것인가. 나는 모든 걸 잊기 위해 눈을 감고 잠을 청했다. 배고픔을 잊기 위한 잠보다 추위를 잊기 위한 잠은 멀고 험난했다. 그렇게 술 먹다간, 언젠가 얼어죽게 될 거다. 누군가, 그렇게 여러 번 충고를 했었다.

검은 비닐 가방에서 머리를 꺼냈다. 샛별들이 눈물 속에서 핑 돌았다. 샛별들이 잘게 바숴진 유리 조각을 뿌리는 것 같았다. 유리 조각이 눈에라도 들어온 듯 눈알이 아렸다. 돌아갈 길을 찾아야 했다. 여기가 어딘지 알아야 했다. 지나가는 행인은 없었다. 똑같은 구조의 집들이 골목골목에 들어차 있었다. 나는 사람들이 지나다닐 시간을 기다리기로 했다. 이 시간에 비하면, 내가 살아온 시간은 순간이었다. 흙과 모래가 섞인 바닥은 눈녹은 물에 젖어 콘크리트처럼 굳어 있었다.

몇시나 됐는지. 샛별을 보고는 알아낼 재간이 없었다. 나는 얼어붙은 몸을 펴고 일어나 앉았다. 이불을 빌릴 생각을 했었다. 나는 놀이터를 벗어나 대문 앞으로 걸어나갔다. 그리곤 초인종을 눌렀다. 한참을 누르고 있어야 안에서 기척이 났다. 몸이 떨렸다. 말을 제대로 할 수가 없었다. 인터폰에 대고 기어들어가는 소리로 말했다.

"추워서…… 그래요. 남는 이불이…… 있으면, 하나만 빌려주세요."

사람들은 방금 잠에서 깬 목소리로 내 부탁을 단호하게 거절했다.

"새벽부터 별 미친놈을 다 보겠네!"

몇 집인가를 돌아다니며 초인종을 눌렀지만 허사였다. 집집마다 남는 이불이 없는 모양이었다. 나는 포기하고 놀이터 벤치를 향해 걸었다. 굳이 놀이터 벤치까지 가야 할 이유는 없었다. 하지만 마땅한 장소가 없었다. 고드름들이 단독주택 처마 끝에 주렁주렁 열려 있었다. 새벽 하늘 끝에는 고드름 꼬챙이보다 날카로운 샛별들이 열려 있었다.

어느 집 대문 앞에 이르러 버려진 스펀지를 발견했다. 홑이불 속에서 꺼내서 버린 얇은 스펀지였다. 나는 스펀지를 들고 벤치로 갔다. 야전 잠바를 밑에 깔고, 몸에 스펀지를 둘둘 말았다. 그리고 잠을 불렀다.

얼마를 잤을까. 출근하는 사람과 학교 가는 아이들 목소리가 들렸다. 길과 놀이터 벤치는 떨어져 있어서 행인에게 들킬 염려는 없었다. 하지만, 누군가 나를 발견하고 다가온다면 망신이 아닐 수 없었다. 나는 길을 살폈다. 길에 아무도 안 보일 때를 틈타 감쪽같이 일어나 앉을 생각이었다. 날은 환하게 밝아 있었다. 몸은 마음을 괴롭히기 위해 엄살을 부리고 있었다. 머릿속은 얼어붙은 흙탕물 같았다. 내가 사는 자취집이 어딘지를 기억해내는 데도 오랜 시간이 필요했다.

얇은 스펀지를 몸에서 풀었다. 작고 누런 스펀지 조각들이 털스웨터에 붙어 있었다. 그것들이 언제 몸 안에 들어왔는지 몸이 근질거렸다. 털스웨터 위에 야전 잠바를 입었다. 중년 신사가 빙판을 피해 걸어오고 있었다.

"말 좀 묻겠습니다. 여기가 어디쯤 됩니까?"

신사는 바바리 주머니에 손을 넣고 있었다. 내 얼굴을 빤히 쳐다보았다.

"어딜 찾는데요? 찾는 곳이 어딘데요?"

"여기가 어딘지만 알려주시면…… 찾을 수 있어요."

중년 신사는 까만 구둣발을 구르고 있었다. 천천히 제자리뛰기 운동을 하고 있었다.

"여긴 ○○동 국민주택단지입니다."

"네에 잘 알겠습니다. 고맙습니다."

중년 신사는 앞으로 뛰어가고 있었다.

나는 자취방으로 가기 위해, 내 불 꺼진 방으로 가기 위해, 찻길 하나와 골목 두 개를 지나, ㄹ자 끝이 위로 올려진 것 같은 좁은 골목 안으로 들어왔다.

크리스마스

 PC통신 대화방에 들어가 있자니, 크리스마스를 걸고 있는 방 제목이 많기도 하다. 벌써 크리스마스가 다가와 있다. 크리스마스에 비가 오면 어떻고 눈이 오면 또 어떤가. 아니다. 눈이 오는 것이 훨씬 낫겠다는 생각이 든다. 비가 오면 절대로 안 될 것 같다. 심술을 부리는 것 같아서가 아니다. 내게는 크리스마스에 대한 기억이 별로 없다. 이불을 펴놓고 온돌방 아랫목에 누워 있는 게 편하고 행복하다. 난 크리스마스 이브엔 어딜 가려고 하지 않는다. 약속 같은 걸 하지 않는다. 내겐 불문율처럼 굳은 것이다.
 80년대 중반의 어느 해였다. 크리스마스 이브를 핑계삼아 술을 마시던 시절의 일이었다. 신설동 시장 골목에서 친구를 만나 술을 마시기 시작했다. 비닐 포장을 둘러친 실내 포장마차였다. 등받이 없는 둥근 안장의 의자에 앉았다. 난롯불을 옆에 끼고 막걸리를 마셨다. 닭똥집은 금방 딱딱하게 굳어 깨물어 먹기 어려웠다. 우린 언 배추김치를 씹어 먹었다. 쓴맛이 나는 서울 탁주는 머리를 쑤시고 찌르고 몸을 빙빙 돌게 만들었다. 나는 막걸리 체질이지만 서울 탁주는 웬만해서는 먹지 않았다. 친구는 서울놈이라 서울 탁주에 길이 든 모양이었다. 뭐니뭐니해도 서울 탁주가 제일이라고 칭찬을 늘어놓았다. 작은 통은 두 잔 반이 나왔다. 바닥에 검은 가루가 남았다. 꼭 쇳가루처럼 보였다. 그 친구는 탁주는 흔들어 먹는 게 아니라고 했다. 맑은 것이 동동주 같았다. 우린 탁주를 동동주로 만들어 먹었다.

신촌에서 동생을 만나기로 했는데 약속 시간을 넘겼다. 다음에 전화하기로 하고 2차로 자리를 옮겼다. 거기에선 탁주를 팔지 않았다. 우린 삼겹살에 소주를 마시기로 했다. 탁주에 소주는 구정물에 물을 붓는 격이었다. 뱃속이 부글거렸다. 금방 토하지 않을 수 없었다. 시뻘건 얼굴을 해갖고 뻔질나게 화장실에 드나들었다. 주인이 좋아할 리 없었다. 손님 테이블 사이를 곡예하듯, 비틀비틀 오가는 것을 고운 눈으로 보아줄 고깃집 주인은 세상에 없을 것이다. 화장실에 갔다 오던 친구가 손님 테이블에 쓰러져 술병이 그릇들이 난장판이 되었다. 손님과 친구 사이에 시비가 붙었다. 주인은 우릴 밖으로 내쫓았다. 계산은 계산대로 한 다음이었다.

친구는 딱 한 잔만 더 하자고 순대집으로 나를 이끌었다. 친구의 얼굴은 홍시 같았다. 칼날 바람에 금세 찢어져 즙이 흘러내릴 것 같았다. 술국을 시켜놓고 소주를 마셨다. 친구의 눈은 그 얼굴을 닮아 있었다. 다 게워내고 다시 시작하기에는 이미 늦은 상태였다. 나는 먼저 친구를 보내기 위해 택시를 잡았다. 허공에 대고 손을 흔들었다. 잘 가. 잘 가. 상계동으로 택시가 떠났다.

나는 남은 술국에 소주를 마시러 순대집으로 갔다. 어둠이 내린 시장 안은 화려한 별천지로 변했다. 백열등을 내다 건 과일가게에 들어가 귤 한 봉지를 샀다. 나에게도 과일을 사들고 돌아갈 집이 근처에 있다면, 얼마나 좋을까를 생각했다.

내 발길은 신설동 로터리를 지나 안암동으로 향하고 있었다. 얼음 위에 먼지가 깔려 있었다. 고가도로 위를 달리는 차들의 소음이 하늘 어딘가에서 들리는 것 같았다. 플라타너스에는 떨어지지 않은 이파리들이 마지막까지 남기 위해 경쟁하고 있었다. 가슴에 바람이 차듯 파카 잠바 속을 부풀렸다. 난 친구 집에 가고 있었다. 오늘이 크리스마스 이브라는 것도 잊고 있었다. 대광 아파트는 언덕 위에 자리잡고 있었다. 음습한 풍경을 배경으로 하늘색 바랜 대광 아파트가 보였다. 언덕을 오르는 동안, 숨이 차서 힘이 빠져서 숨을 고르며 한참을 서 있기도 했다.

친구는 집에 없었다. 언제 들어올지 연락도 없었다고 했다. 나는 막막하지 않을 수 없었다. 무턱대고 기다릴 수도 없었다. 아무 데나 누워 잠을 잤으면 여한이 없을 것 같았다. 나는 아파트 계단을 오르기 시작했다. 아파트 옥상 문은 잠겨 있지 않았다. 문 옆에 쌓아놓은 신문지를 가져다 ㄱ자 벽 귀퉁이에 침대를 만들었다. 바람이 불어 침대가 흩어졌다. 벽돌 몇 개를 주워다 눌렀다. 그리고는 덮고 잘 신문지를 가져왔다. 벽에 바짝 붙어 잠을 불렀다. 신문지가 펄럭이고 있었다. 나는 으드득으드득 소릴 내면서, 어떻게 언제 잠들었는지 모른다.

깊은 호수처럼 새벽 하늘이 맑게 드리워져 있었다. 신문지들은 날아가고 없었다. 나는 대하(大蝦)처럼 몸을 구부린 채 날아간 신문지를 덮고, 아름다운 꿈 한 편을 완성했는지도 모른다. 벗어놓은 구두는 깡깡 얼어 있었다. 신문지를 가져다 라이터 불을 붙였다. 한 번 얼어붙은 구두는 좀처럼 펴지지 않았다. 불의 온기도 바람에 재처럼 날아가버렸다.

나는 옆구리에 구두를 끼고 옥상에서 내려왔다. 친구는 돌아오지 않았다. 나는 새벽에 찾아가도 되는 곳을 생각했다. 금방 청량리 이모 집을 생각해냈다. 이모 집은 야채 도매상을 하고 있었다. 새벽 네시면 문을 열었다.

나는 맨발에 밟히는 담뱃갑을 주워들었다. 몇 개비 피우지 않은 담뱃갑이었다. 담뱃불을 이어 붙이며, 청량리 시장을 향해 걸어가고 있었다.

붉은 담요에 대한 기억

담 없는 마당에 밤새 눈이 내렸습니다. 설탕 같은 눈 위에 새 발자국 몇 개 찍혀 있습니다. 바람이 얼어버리려는 눈을 불러, 어디론가 급히 데려가는 게 보입니다. 견딜 수 있느냐고, 추위가 틈을 찾아 몰려오고 있습니다. 마루 밑의 강아지는 맨땅에 귀를 대고 물 흐르는 소리를 듣고 있습니다. 바람이 강아지의 억센 털을 일으켜 세웁니다. 강아지는 추위를 견디기 위해 아득한 깊이의 물소리에 정신을 팔고 있습니다. 질끈 감은 눈 밖으로 물방울이 맺힙니다.

창문에 쳐놓은 비닐이 부풀어오르고, 나는 지금 짧고 오래된 붉은 담요를 덮고, 담배 한 대 피우려 합니다. 몸을 반듯하게 펴면 발끝이 밖으로 나가기 때문에 큰 새우처럼 몸을 구부려야 합니다. 꺼칠한 털이 서로 엉겨붙어 있는 오래된 담요입니다. 나는 이 담요를

십 년 넘게 갖고 다녔습니다. 고등학교에 들어가서 하숙을 하게 되었는데, 그때 어머니께서 사주신 겁니다. 세탁한 적은 없지만, 이 담요엔 다른 냄새가 묻어 있지 않습니다. 아직도 붉은색 그대로입니다.

이 붉은 담요는 한 번도 아랫목을 떠나 각지게 개진 적이 없었지요. 펴진 채로였거나 둘둘 말린 채로, 내가 밖에서 돌아오기만을 기다렸던 겁니다.

이 담요에는, 세상에는 없는 아주 큰 장미꽃 한 송이와 아주 작은 사슴 그림이 있었는데, 지금은 흔적도 찾을 수 없이 지워져버렸지요. 그러나 나는 처음의 무늬를 그대로 다 기억할 수 있습니다. 아직도 그 장미꽃과 사슴 한 마리가 있는 붉은 담요를 덮고 있습니다.

나는 커오면서 담요 속에서 더 많은 무늬를 그렸고, 지워야 했습니다. 처음엔 푸르고 넓은 오동잎을 그렸고, 다음엔 첫눈이 와도 시들지 않은 소국(小菊) 몇 송이를 그려넣었습니다.

겨울 밤 창문을 두드리는 건 바람이었습니다. 떨어져 오그라든 잎들이 몰려다니는 소리와 전깃줄에서 바람이 부는 휘파람 소리, 골목 끝으로 떠벅떠벅 걸어가는 발소리, 나는 가끔 못 미더워 창문을 열어보았습니다. 창 밖은 온통 어둠이었습니다.

언제나 성에 무늬 유리창 너머엔 새파랗게 질린 측백나무가 줄지어 서 있었습니다. 눈 맞은 측백나무는 왠지, 입술에 푸른 멍을 물고 있는 사람의 느낌을 주곤 했습니다. 측백나무를 보면, 수많은 흘러간 날들이 떠올랐고, 오랫동안 함께 살아온 사람들이 남기고 간 냄새가 맡아지곤 했습니다. 그때마다 마음속에 옹이처럼 남아 있는 상처를 훔쳐보는 듯, 얼굴이 화끈 달아오르곤 했습니다. 겨울이 가고 봄이 오면, 이 붉은 담요를 밖으로 들고 나가 먼지를 털어야겠습니다. 그리고 빨랫줄에 하루나 이틀 내다 널어야겠습니다. 얼마나 많은 먼지들이 털려나갈지.

그러나 언젠가는, 이 붉고 낡은 담요를 버려야 될 때가 올 줄 압니다. 그러나 아주 잊을 수는 없겠지요. 어디로 갔는지는 모르겠지만, 이렇게 가끔 편지를 써야 할 겁니다.

이젠 기적 소리를 울리며 어디론가 떠나가던 밤기차 소리도 답답함을 주지 않네요. 돌아누울 때마다 낭떠러지가 나오던 밤들이 나를 놓아주려나 봅니다. 언 손에 입김을 불며 꼬불꼬불 편지를 쓰게 하던 혹독한 밤들이, 이젠 나를 찾아오지 않으려나 봅니다.

나는 느끼고 있습니다. 이젠 내가 당신을 떠날 차례라는 것을, 오랜 세월이 흐른 뒤에도 당신을 잊지 못해 애태울 밤들이 아직 남아 있다는 것을.

풍경 사진 한 장

 호박 넝쿨이 달라붙어 있는 흙담을 배경으로 찍은 사진 한 장이, 비잉 미끄럼을 타고 방바닥에 내려앉는다.
 구정이 지난 지 며칠 안 된 날이었다. 난 만취해서 그녀의 졸업식에 참석하지 못했다. 난 만취해서 그녀의 자취방에 찾아갔었다.
 그녀가 보낸 편지에 적힌 주소를 가지고 자취방을 찾았다. 그녀는 평택 비전리에서 언니랑 자취생활을 하고 있었다. 복덕방에 가서 집의 위치를 알아냈다. 그 집은 낮은 흙담을 끼고 있었다. 흙담에 말라비틀어진 호박 넝쿨이 달라붙어 있었다. 나는 대문을 밀어제치고 그녀의 이름을 불렀다. 그녀는 방 안에 오빠와 같이 있었다. 언제 한 번 와본 듯이, 방에 들어가 철퍼덕 앉았다. 그녀는 시뻘건 얼굴을 옆으로 째려보았다. 또 술을 되게 먹었군. 제 버릇 개 못 준다고. 그녀의 표정은 그렇게 꾸짖고 있었다. 나는 그녀의 오빠와 호탕하게 악수를 나눴다. 오빠는 밥 안 먹었을 나를 위해 떡국을 끓일 것을 명했다. 그녀는 꼴 보기 싫은 인간을 피해 방을 나갔다.

  난 비키니 옷장 위의 인형들과 책상 위의 사진 액자들을 둘러보았다. 불쑥 여자가 생활하는 방에 들어온 경험이 나에게는 없었다. 알코올 기운을 빌리지 않고는 감히 엄두도 못 낼 일이었다. 조목조목 훔쳐보는 내 눈길을 의식했는지, 오빠가 그녀를 불러들였다. 오빠는 서울서 공장을 하고 있었다. 그녀는 무릎을 끌어다 안은 자세로 앉아 있었다. 장판의 꽃 그림에 시선을 고정시키고 있었다. 그녀는 무관심의 달인 같았다. 너에게는 관심이 없다고 말하고 있었다. 치익 소리가 부엌에서 들렸다. 떡국이 넘치는 소리였다. 그녀는 재바르게 부엌으로 나갔다. 숟가락 젓가락 부딪는 소리와 스텐 그릇을 밥상에 놓는 소리가 들렸다. 떡국이 상에 차려져 방으로 밀어졌고 문이 닫혔다. 오빠가 부엌의 그녀를 불러들였다. 그녀는 먹는 둥 마는 둥이었다. 오빠는 점잖게 숟가락질을 하고 있었다. 난 소리를 내어 떡국을 비웠다. 떡국은 소태였다. 첫 숟가락을 입에 넣을 때부터 스텐 그릇을 싹싹 비울 때까지, 넘어오려는 것을 참고 참았다. 그녀는 골탕먹일 작정을 했었다. 나는 오빠가 숟가락을 놓을 때를 기다렸다.

  "혀엉, 여기 화장실이 어디야?"

  대문 오른쪽 끝에 있다는 화장실은 보이지 않았다. 오른손으로 입을 막고 화장실을 찾았으나 없었다. 나는 박차고 들어왔던 대문을 통해 밖으로 뛰어나갔다. 공들여 속에 쑤셔넣은 떡국을, 말라비틀어진 호박 넝쿨 위에 쏟아냈다.

그날 밤에, 그녀는 어디로 갔는지 알 수 없었다. 밤새 땀을 흘리며 앓았다. 벽에 걸린 야광 시침 분침은 더럽게 더뎠다.

아침에 어딘가에서 돌아온 그녀가 찍은 사진이었다. 처음이자 마지막으로 자신이 만든 음식을 먹어준 기념으로, 고마움의 징표로, 호박 덩굴이 말라비틀어져 달라붙은 낮은 흙담을 배경으로. 다시는, 이 세상에서는 부딪칠 일 없는 두 사람을 세워두고.

솜 공장

아무것도 비춰보지 않은 거울이 있었다. 거울 앞에는 나밖에 없었다. 나는 그 거울 앞으로 한 발짝 다가가고 있었다. 그러면서 나는 혼자서 울 수밖에 없었다. 내가 어떤지도 모른 채 유치한지도 모른 채 거울 앞으로 다가가고 있었다. 거울 앞에 다다라 어떻게 해야 하나, 어떻게 하면 좋은가. 또는 걸음을 멈출 수 없는가. 곧 죽는다고 생각하니, 모든 것이 울상이었다.

나는 가끔 친구들을 불러내 술을 마셨다. 그런데 나 혼자 포장마차에 앉아 술을 마시고 있었다.

성수동, 옛날 뚝섬 경마장 담 너머에는 솜 공장이 있었다. 그곳에는 판잣집들이 갯벌의 게처럼 바글거리고 있었다. 직업소개소엘 찾아가 일자리를 찾았는데 그곳을 소개시켜주었다. 얼마 뒤에 사장이란 작자가 나를 데리러 왔다. 오래 붙어 있어야 한다는 다짐을 받아 쥔 그가 나를 데려간 곳은, 비닐을 뒤집어쓴 기숙사란 데였다. 방 한 칸과 세면장이 하나 딸려 있었다. 퀴퀴한 냄새가 진동했고 먼지가 벽과 천장을 도배하고 있었다. 장판에는 온통 누런 테이프가 붙어 있었다. 나는 막판까지 이런 데서 살아야 한다는 데 불만이 없었다. 될 대로 되라는 식이었다. 사장이 돌아가자 사내 둘이 들어왔다. 그들은 앞으로 잘 지내자, 악수를 청했다. 난 그럽시다, 라고 말했다. 그들은 탄불 위에 올려진 양동일 내렸다. 양동이의 끓는 물을 세숫대야에 붓고 찬물을 섞었다. 구멍이란 구멍에 달라붙은 솜 찌꺼기를 씻었다. 씻는 것이 아니라 파낸다고 하는 편이 옳았다. 그들이 옷을 갈아입는 걸 지켜보았다. 그들은 가방에서 옷을 꺼내 입었다. 그 옷들은 구겨져 있어서 외출복으로는 어울리지 않는 것이었다.

나는 그들을 따라 밥집에 갔다. 밥집은 판잣집들과 공장들을 지나 대로변에 있었다. 작업복 차림의 공원들이 밥을 먹고 있었다. 밥이 어떻게 저런 입으로 들어갈까? 신기했다. 나는 속이 쓰려 밥 먹는 걸 포기했다. 밥만 보면 노란 위액이 넘어올 것만 같았다. 나는 밥 대신 소주를 시켰다. 그들의 반찬을 안주로 삼았다. 황이란 사내가 입을 열었다.

"좀 먹어둬요. 내일부터 0팽이 쳐야 할 텐데."

그들은 오랜만에 밥 구경을 하는 걸신들린 사람이었다. 뚝딱 한 그릇씩을 비우고, 빈 공기를 번쩍번쩍 쳐들었다.

"아줌마, 밥 한 공기 더!"

그들은 먹는 것으로 고달픈 생활을 보상받아내는 사람들이었다. 그들 앞에 놓인 반찬 그릇도 공중에 번쩍번쩍 올려지곤 했다.

"아줌마, 깍두기 더!"

그곳은 물도 제대로 나오지 않는 동네였다. 공중 수도까지 리어카를 끌고 가서 물을 받아왔다. 그곳의 길바닥은 검은 진흙탕이었다. 그 길바닥을 지나가는 리어카는 춤을 추었고 물은 반이 넘게 흘렀다. 그런데도 그들은 매번 물을 가득 채웠다. 길바닥에 물을 주는 것도 아니면서, 왜 그렇게 하는지 알 수 없었다. 물통을 채워야 직성이 풀리는 것인지.

공장 위엔 고압선이 지나가고 있었다. 전봇대 위엔 변압기가 붙어 있었다. 할머니가 쭈그리고 앉아 옷 쪼가리들을, 솜 찌꺼기들을, 빗자루로 쓸어모아 불태우고 있었다. 불길이 전봇대 높이까지 치솟는 것 같았다. 고압선이 녹아내릴 것 같았고 변압기가 곧 터질 것 같았다. 나는 슬그머니 공장에서 빠져나왔다. 공중 수돗가 구멍가게 앞에 이르러 공장 쪽을 바라보았다. 불기둥은 사라지고 없었다. 검은 연기 속에서 불티만이 탁, 탁, 튀고 있었다.

아침 일곱시부터 일이 시작되었다. 나는 봉제 공장에서 실어온 헝겊 조각들을 색깔대로 고르는 일을 했다. 그 일은 점심 먹기 전까지 이어졌다. 점심은 언제나 라면이었다. 그 메뉴는 오십 일 동안 한 번도 바뀌지 않았다. 사장이란 작자는 빈둥거리다 그 시간이 되면 거래처에 간다고 어디론가 사라졌다. 라면 국물에 먼지들이 앉았다. 처음 며칠은, 그걸 건져내느라 라면발이 퉁퉁 불어터졌다. 먼지가 앉지 않은 곳이 없었다. 먼지는 공장 근처 어디에나 두툼하게 앉아 있었다. 어서 와서 앉아요? 하는 것 같았다. 색깔대로 골라진 헝겊들은 절단기에 들어가 잘게 썰렸다. 그 헝겊들을 마대 자루에 꾹꾹 눌러 담아 솜 만드는 기계까지 옮겼다. 헝겊 쪼가리로 솜을 만들다니! 솜은 목화에서만 나오는 줄 알았다. 만들어진 솜은 압축기에 들어가 150킬로그램 이상씩 되게 묶였다. 두 손에 갈고리를 잡고 각지게 묶인 솜덩이를 져나르는 일은 보기보다 쉬웠다. 솜덩이를 지고 올라간 그 높은 곳, 경마장이 한눈에 내려다보이는 곳, 누구는 골프를 치고, 누구는 골프 치는 사람을 졸졸 따라다니고, 누구는 말을 타고, 누구는 말 타는 걸 보고 고함을 질러대고 있었다. 아지랑이가 머릿속에서 이글거리고, 눈앞에 안개가 끼었다 사라지곤 했다.

기숙사에 있는 검은색 다이얼 전화기는 잠겨 있었다. 황이란 사내가 가끔씩 다이얼에 채워진 자물통을 풀고 전화를 걸었다. 그날은 황이 취해 있는 날이었다. 황은 웃통을 벗어붙이고 아무에게나 시비를 걸곤 했다. 그의 가슴에는 X자가 그어져 있었다. 틀렸다는 뜻일까? 아니라는 뜻일까? 아니면 아무런 뜻도 없는 것일까? 처음 몇 번은 필사적으로 그를 말렸다. 상을 뒤집어엎고 병을 깨고 누구 덤빌 놈 없느냐고 거리를 질주하던 그 사람. 그도 틀림없이 자기 자신과 싸우고 있었을 것이다. 그 싸움이 끝없이 지루했고, 언제부터인가 자신을 이길 수 없다는 걸 깨달았을 것이다. 그는 새벽에 벌떡 일어나 물을 찾았다. 그리고는 이마를 짚고 중얼거리고 있었다.

일 주일에 한 번 12톤짜리 트럭이 솜덩이를 실어갔다. 트럭이 들어오는 동네 입구까지 솜덩이를 운반해야 했다. 운반 수단은 하나뿐인 리어카였다. 나는 그때서야 황이란 사내가 했던 말을 알아들었다. O팽이 쳐야 할 텐데. 리어카 바퀴가 터지기라도 하는 날에는, 실었던 솜덩이들을 내려놓고 펑크를 때워야 했다. 리어카에 셋이 붙어서 1500킬로그램을 옮겨야 했다. 울퉁불퉁한 길에서 리어카는 제멋대로 춤을 추었다. 운전대를 잡은 황은 장대높이뛰기 선수처럼 하늘로 솟구쳐올랐다.

"밀어, 밀어, 밀어. 좀더 힘껏 밀란 말이야!"

회식이 있는 날에도 사장은 꽁무니를 뺐다. 먼저 식당 주인에게 계산을 하고 작은집에라도 가듯이 사라졌다. 그때마다 황은 사장을 잡아오라고 악을 써댔다. 그러나 황은, 내가 떠나는 새벽에도 기숙사에 그대로 남아 있었다. 그는 눈을 뜨지도 않고 내게 말을 했다.

"잘 가! 다시는 이런 데 오지 마!"

나는 그 전날 저녁부터 술을 마셨다. 월급이 없어질 때까지 술집 골목을 쑤시고 다녔다. 그는 불도 켜지 않았다.

서울역에서 표를 끊었다. 나는 황이 일어나 일을 시작할 시간을 재고 있었다. 오늘 밤이나 늦어도 내일 아침이면, 누군가가 내 대신 솜을 만들러 올 것이다. 그도 한 달 아니면 기껏해야 두 달을 버티다 떠날 것이다. 나는 고향에 가는 길이었다. 공장 담 밑에서 복사꽃이 피고 있었다. 그 복사꽃 봉오리에 먼지가 앉아 있었다.

그 병원 앞

비 오는 밤에
기적 소리를 듣는 병실들
형광등 불빛들, 넓은
창문 속에
목련꽃이 활짝 피어난다

목련이 피어 있다는 것만으로
그걸 한 번 쳐다보는 것만으로
나는 얼마나 많은 신음 소릴 간직하고
있는 것인가

외면하려 해도 한 번은
슬쩍 쳐다보게 되는 곳
하지만 이제는, 창백한
저 꽃과 향기는 지나간 것이다

비 오는 밤에
기적 소리는 뿌리치며 지나간다
그리고 형광등 불빛들
무엇인가 담고자 노력하는 유리 창문들

신음 소리만큼 긴 기도문을
들어본 적은 아직 없다

—「그 병원 앞」 전문

    나는 광천에서 내렸다. 뻘건 대낮에 보따리를 들고 집에 갈 염치가 없었다. 젓갈 냄새를 풍기는 시장 골목을 헤매다 터미널 뒤편의 선술집에 가서 앉았다. 옛날 어떤 시절엔 색시집에 있었을 법한 아주머니들이 술장사를 하고 있었다. 결성, 서부 방면 버스 시간에 터미널에 나가보았다. 동창들은 보이지 않았다. 평일의 대낮에 집에 가는 동창이 있을 리 없었다. 나처럼 잘못된 사람이라면 몰라도. 나는 색시집 출신이 경영하는 네 군데의 술집을 옮겨다니며 소주와 막걸리를 마셨다. 빈속으로 들어간 술은 속에 불을 질렀다. 더는 탈

것도 없으련만 속의 화기로 인해 얼굴이 벌겋게 달아올랐다.

버스를 타고 와서 동네에 내렸다. 어둑해진 논둑 길을 걸어 집에 도착했다. 어두운 집 안엔 아무도 없었다. 난 아래 사랑방에 가서 누웠다. 잠든 나를 발견한 건 바로 아래 여동생이었다. 동생은 갈아입을 옷을 가지러 아래 사랑방에 왔었다. 방 안에 가득한 술 냄새를 맡고 내가 온 줄 알았다고 했다.

"오빠, 웬 술을 그렇게 마시고 다녀."

나는 동생에게 이끌려 밖으로 나왔다. 세수를 하고 양치질을 하고 밥 먹으러 가자고 했다. 밥상에 앉아 숟가락을 들었다. 한 숟가락 쑤셔넣자 배가 아프기 시작했다. 나는 다시 아래 사랑방으로 가서 쥐며느리처럼 몸을 말고 있었다. 숨을 쉴 수도 없었다. 한 숟가락 떠먹은 밥이 독약으로 느껴졌다. 나는 독약을 먹은 것이다. 밥이라는 독약 말이다. 이젠 끝났다고 느껴졌다. 이렇게 해서 일생을 마감하게 되는구나! 이럴 수도 있구나! 무슨 말을 할 수도 없었다. 숨을 제대로 쉴 수도 없었다. 신음 소리를 낼 수도 없었다. 어떻게 눈치 챘는지 동생이 내려왔다.

"오빠, 왜 그래. 왜 그러느냐고!"

동생이 마구 쥐며느리를 흔들었다. 나는, 저 펜을 가져오라고 책상 위를 가리켰다. 나는 종이 위에 독약을 먹은 것 같다고 썼다. 배가 아파 숨도 못 쉬겠다고 썼다. 동생은 안주를 잘못 먹은 것 아니냐, 따면 괜찮을 거라고 바늘을 가지러 안방으로 달려갔다. 어머니가 달려오셨다. 손가락을 땄지만 통증은 수그러들지 않았다. 나는 병원에 가자고 종이에 썼다. 아버지가 뛰어나오셨다. 동네에 차가 있는 집은 한 집뿐이었다. 동생은 꿀물을 타왔고 어머니는 등을 두드려주었다. 그러나 통증은 멎지 않았다. 진정될 기미를 보이지 않았다.

1톤 트럭이 도착했다. 어머니는 팔을 잡고 정신을 차리라는 말만 거듭하셨다. 짐칸엔 아버지와 여동생, 동네 아저씨들이 타고 있었다. 면소재지의 보건소에 가서 진찰을 받은 결과, 급성맹장염이란 판정이 내려졌다. 오늘은 늦었으니, 내일 아침 일찍 가서 수술 받으면 된다고 했다. 나는 맹장염이 아니라고 했고, 아버지와 어머니는 맹장염일 뿐이라고 했다. 내일 날이 밝으면 병원에 가보자고 했다. 여동생은 끝까지 내편이 되어주었다. 도립병원에 가서 검사를 받아보자고 부모님을 설득해주었다. 뱃속에 몇톤짜리 바윗덩어리가 들어앉아 있는 느낌이었다. 도립병원에 가서 내시경 검사를 받았다. 의사는 군의관 출신답게 동작이 민첩했다. 어서 수술 준비하고 김선생에게 전화하라고 했다. 한 시간만 늦었더라면 죽었을 거라고 했다. 위장이 터져 위액이 뱃속으로 흘러들고 있다고 했다. 나는 부축을 받으며 화장실로 들어갔다. 배를 움켜잡고 부축해온 아저씨에게 담배를 피우게 해달라고 사정했다. 아저씬 절대로 그렇게 할 수 없다고 했다. 딱 한 모금만이라도 피우게 해달라고 했는데 아저씬 헛소리 그만 하라고 했다. 어서 가서 침대에 누우라고 했다. 이제 어떻게 되는 건가. 침대에 실려 수술실이 있는 이층으로 밀어올려졌다. 마취 주사가 놓아지고, 하나 둘 셋 넷 다섯…… 불빛들이 흐려지지 시작했다.

어디까지 센 것일까? 깨어났을 땐 믿을 수 없는 일이 벌어져 있었다. 붕대가 감겨 있었고, 코와 입, 양 옆구리에 호스가 박혀 있었다. 숨쉴 때마다 호스를 타고 퍼런 물이 흘러나왔다. 나는 썩은 물이 잔뜩 고여 있는 연못이었다. 날숨이 그걸 조금씩 퍼내고 있었다. 이렇게까지 되다니! 나는 믿을 수 없었다. 이런 꼴을 해가지고 살아가야 할 앞날이 없어졌으면 싶었다. 이슬방울이 톡톡 떨어져 팔뚝을 타고 들어오고 있었다.

옆 침대엔 농약을 마시고 실려온 아주머니가 누워 있었다. 사지를 침대에 묶인 채 악을 써대고 있었다. 며칠이나 잠을 못 잤는지, 계속해서 소릴 질러대고 있었다. 물을 달라고 소릴 지르고 있었다. 나도 마찬가지였다. 물을 달라고 짐승처럼 울부짖었다. 간호사는 가제 손수건에 물을 묻혀 와서는 입술을 축여주고 돌아갔다. 누가 병실의 세면대에서 물을 받거나 손을 씻을 때 나는 물소리. 금방 물을 먹을 수 있다면 훌훌 털고 일어나 밖으로 나가 걸을 수 있을 것만 같았다. 앞으로는 물만 먹고도 살아낼 수 있을 것만 같았다.

옆으로 몸을 돌릴 수 있게 되었을 때, 부정기 간행물 『실천문학』을 읽고 있었다. 여동생을 시켜 읍내의 서점을 다 뒤져 구해온 『실천문학』 1, 2, 3, 4권. 그 붉은색 표지를 들춰 읽었다.

창 밖엔 목련이 활짝 벌어져 있었다. 비 오는 밤에 듣는 기적 소리는 서글픔을 한아름 안겨주었다. 너, 앞으로도 그렇게 술 먹을래. 친척들이 찾아왔고 친구들이 찾아왔다. 있다가, 술 한잔 할 건데, 너도 와라. 나는 내가 수술 받는 광경을 지켜보다 꿈에서 깨어났다. 밖에서 수술 과정을 지켜본 아저씨의 말을 들었기 때문일 것이다. 꼭 개를 한 마리 잡아서 내장을 꺼내놓은 것 같더라고. 또다시 술을 입에 댔다가는 너는 죽는다! 모두들 으름장을 놓았다.

 퇴원할 때 보니, 목련꽃은 지고 없었다.

 삼 주일 만에 아래 사랑방으로 돌아와서 누웠다. 한동안 허리가 펴지지 않았다. 거죽만이 뼈에 달라붙어 있었다. 일 주일째 되는 날 저녁이었다. 나는 이웃 동네의 주점에 앉아 막걸리 맛을 보고 있었다. 바로 이 맛이었어.

지붕

　비산 주공아파트 145동 앞. 반바지 반소매 차림의 네 살쯤 돼 보이는 사내녀석이 흰색 프린스 위에 올라가 지붕을 구르고 있다. 자전거를 타는 제 또래 녀석들에게 뭐라고 소리를 지르고 있다. 어떻게 올라간 자린데, 쉽게 내려올 기세가 아니다. 밑의 아이들은, 녀석이 뭐라고 외치든 관심을 가져주지 않는다. 설마 지붕이 푹 꺼질라고? 녀석은 지붕이 꺼지는 걸 본 일이 없는 모양이다. 지붕이 꺼지면 어떻게 된다는 것쯤 관여하지 않는 눈치다. 발목 부분이 찢어져 피가 나고, 피가 나는 걸 보면 정신 없는 쓰라림과 공포가 찾아오는 것쯤 상관이 없다. 녀석을 따라 몇 놈이 더 지붕 위에 올라갔다 내려간다. 녀석도 한참 동안 지붕 위에서 사라졌다.
　어디에 밤꽃이 피었는지 그 향기가 지독하다. 내게 밤꽃 향기는,

어떤 환각 작용보다도 잔인한 느낌이다. 지금의 나를 과거의 모습으로 풍경 속으로 이끌고 간다. 부려놓는다. 지붕이 꺼져 그 속에 갇혀보지 않은 사람은 모를 것이다. 얼음이 깨져 그 속을 정신없이 헤매보지 못한 사람은 모를 것이다. 하늘이 얼마나 작은 것인지. 이 세상이 얼마나 캄캄한 곳인지. 또는 답답한 곳인지. 혼자뿐인지. 그래서 넓은 하늘을 보고 싶어 사투를 벌여야 하는지.

이번엔 녀석이 지붕 위에 앉아 아래로 다리를 내려놓고 있다. 가만히 보니, 녀석은 자신의 자전거 안장에 두 발을 내려놓고, 그곳에 써놓은 자신의 이름과 아파트 동, 호수, 전화번호를 쓱쓱 문대고 있다. 녀석에게 그것들은 어떤 느낌일까. 잘 지워지지 않고 꺼칠꺼칠하고……

내 눈앞엔 언제나 측백나무들이 펼쳐져 있는 것 같다. 내 눈앞엔 측백나무 사이로 고갯길이 하나 보이는 것 같다. 밀꽃 밤꽃 무꽃 목화꽃 들이 길의 양쪽에 피어 있는 것 같다. 나는 언제나 길 너머를 상상했던 것 같다. 언덕의 이쪽이 내 마음속이라면 언덕 너머는 상상의 영역이었던 것 같다.

검게 은행잎들이 탄다. 앞동과 뒷동 사이의 꽃밭에 하얀 나비가 난다. 녀석은 계속 하얀 지붕을 윽박지르고 있다. 아이들을 불러들이는 사람이 없다. 아이들은 누굴 따라갈 생각을 하지 않는다. 그리고 어른들은, 아이들이 멀리 가지 않을 것을 믿는다. 차들은 시속 10킬로미터 미만으로 들어오고 나간다.

내가 앉았던 곳, 앉아서 상상해보았던 곳, 변하지 않는 언덕 이쪽의 풍경, 그것들이 지금에야 바로 보인다. 나는 울먹이고 있었는지도 모르고, 뒷짐 지고 있었는지도 모른다.

  초가지붕은 비 온 뒤처럼 척척하다. 햇살이 가는 송곳 끝처럼 날카롭다. 나는 바다에 간 어머니를 기다린다. 돌아오지 않을 것만 같은 어머니…… 나는 지붕에서 뚝 떨어져 달린다.

  언덕 너머는, 내가 넘어서는 안 될 국경선 같은 것이다.

내 마음의 폐가

1

그곳에서 무려 사 년을 살았다. 지금 생각하면 아찔한 순간들이다. 나는 찌든 때를 그대로 내버려둔 채 쏘다녔다. 그곳이 어디든지 가릴 바 아니었다. 그 일들을 생각하면 눈앞이 캄캄해져오고, 뒤이어 풀무질처럼 한숨이 일어난다.

아무튼, 나는 그곳에서 황혼의 아름다움과 아무것도 할 수 없다는 무력감에 빠져 시달렸다. 별들이 선명하게 박힐 때쯤에야 정신을 차리고 자리를 털었다.

내가 앉아 있던 자리의 억새들이 구겨져 있는 것을 보곤 했다. 그러나 이삼 일이 지난 뒤 그 자리에 가보면, 억새들은 언제나 원래의 키를 잡으며 구부정한 상태로 일어나 있었다. 나는 항상 낯설어했다. 누구에게나 쉽게 말을 걸어볼 엄두가 생기지 않았다. 혼자 있을 때는 틀리지 않고 술술 잘 나오던 말이 턱턱 막혔다. 나는 답답해지기 싫었다. 될 수 있으면 말을 생략하는 버릇이 생겼다.

피해야 했다. 아니 피해다녀야 했다. 그것은 가끔이었지만, 낯선 거리에서 낯익은 사람과 우연히 마주친다는 것이 얼마만큼 불안했던가를, 나는 잊을 수가 없다. 핑계가 생기는 즉시, 나는 도망가는 습성이 있었다. 가끔씩 얻어걸리는 술자리에서, 무슨 그늘처럼 뒤로 물러서야 안심이 되었다. 불안을 물리쳤을 때의, 그 안도감을 나는 잊을 수가 없다.

2

1987년 봄, 나는 드디어 회복되었다. 폐가를 돌봐주는 명목으로 그곳에 숨어들었으니 말이다. 나는 시내에 나갈 일을 감안해서, 중고 자전거를 새 자전거의 절반 가격으로 구입했다. 바퀴 달린 것을 처음 소유해본 것이다. 자전거를 타고 시내까지 삼십 분이 걸리는 그곳. 물소리와 바람 소리. 개 짖는 소리가 드문드문 들릴 뿐인 오지의 폐가에서는, 도무지 사람이 두런거리는 소리가 들리지 않았다.

지금 생각하면 웃음이 나오는 일이 있다. 화장실이 마련되어 있지 않은 그곳의 사정으로, 나는 주인 내외가 내버려두고 간 돼지우리 세 칸을 골고루 돌아다니며 대변을 본 것이다. 그러나 협소한 그곳도 몇 주일이 안 되어 발디딜 틈도 없어졌다. 시멘트 바닥에 눌어붙은 그것들 때문에, 이슬을 털고 아카시아 숲을 헤치고 산으로 오르거나 대숲 그림자에 의지하거나, 아예 무릎까지 차오른 개망초를 뭉개고, 그 자리에서 그냥 실례를 했다.

그런 면에서 나는 확실하게 게을렀다. 집 밖 곳곳이 지뢰밭이 되도록 나의 관심은 늘 딴 곳에 가 있었다. 술을 마실 때에도 나의 분별 없음은 늘 말썽을 일으키곤 하였다. 나는 진득하게 버틸 줄을 몰랐다. 연거푸 들이켠 술기운이 뇌세포를 휘감은 다음날, 목격자의 입에 오르는 말은 한결같이 머리를 숙이게 하는 종류의 것들이었다. 마라톤 선수였던 나는 곧잘 시비를 걸어놓고(그것이 가끔씩 문제가 됐다. 상대가 크거나 작거나, 인상에 관계없이) 도망가는 일에는 자신이 있었다. 옆에 붙어다니던 사람들이 곤욕스러워했지만, 내가 자랑할 무기라고는 도망가는 것이 전부였으니 어찌하랴.

3

그날은 마침 일요일이었다.

나는 오후의 따끈한 햇살을 받으며 움막 같은 나의 주거지에서 공복감을 끌고 밖으로 나왔다. 뒷산에 기대다시피 기운 햇살에 눈이 부셨다. 밀린 설거지를 하고 있었다. 석유 버너가 마루에서 매운 메틸 알코올을 태우고 있었다. 그날은 하필 일요일이었다. 나는 그날 낯선 노부부의 방문을 받았다. 그들은 그 폐가의 주인이었다. 마당 가득 이용 가치가 없는 잡동사니들이 어지럽게 나뒹굴고 있었다. 나의 게으름은 회생 불가능의 상태가 되었다. 그러나 그 노부부는 귀찮았던지, 아니면 말할 가치를 느끼지 못했던지, 별탈 없이 돌아가주셨다. 그때 그 노부부가 엉망진창으로 흐트러진 방 안을 보았다면, 문제가 달라졌을 것이다. 나는 그날로 짐을 꾸려야 마땅했을 것이다. 전기세만 내면 거뜬하게 그 달 그 달을 살 수 있던 나의 생활이 타격을 받았을 것이 분명했다. 나는 그때 하숙비를 받아서 살고 있었다.

거긴 워낙 외진 곳이었다. 문명의 혜택을 보지 못하는 곳이었다. 하루 종일 기다려도 버스 한 대 들어오지 않는 곳이었다. 연탄 구들장 하나 마련하지 못한 집이 수두룩했다. 설령 연탄 구들장이 있었다 해도, 사람이 안 산 지 상당한 세월이 지난 뒤였으니, 그것이 성할 리 만무한 일이었다. 아침저녁으로 날이 쌀쌀해졌다.

한가한 날을 골라 (대부분 한가한 날이었지만) 이가 빠지고 녹이 슨 낫을 들고 뒷산에 올라가는 일은 종종 있는 일과였다. 삭정이를 꺾어오거나 솔잎을 긁어들이는 일이, 게으른 나를 성가시게 했다. 그런 나는, 어둠을 틈타 무더기로 쌓아놓은 마른 솔가지를 몰래 들어나르기도 했다.

쌀이 떨어지는 날이 종종 있었다. 하숙비를 꼬박꼬박 받아오면서, 집에 갔을 때는 꼭 쌀을 가져오곤 했다. 대개의 자취생이 그렇듯이 굶기를 밥먹듯이 했으며 얻어먹기를 수없이 했지만, 그 고질적인 허기를 몰아낼 방법은 없었다.

  5월 어느 날이었던가! 배고픈 나는, 자전거를 타고 먹을 것을 찾아 아랫동네로 내려가고 있었다. 비포장 도로를 뻔질나게 내달린 자전거는 더러럭더러럭 마찰음을 내고 있었다. 그날은 마침 동네 한 집의 모내기가 있는 날이었다. 나는 그때 일을 해야 먹을 수 있음을, 절박함을, 처음으로 절실하게 느꼈다. 그때처럼 촌놈으로 태어난 것이 다행인 때가 없었다. 나는 극구 만류하는 그분들을 뿌리치고 질퍽한 논바닥으로 첨벙 뛰어들었다. 짧은 시간에 채워질 허기는 덜 서러운 것이었다.

4

아랫집엔 나보다 먼저 폐가 하나를 차지하고 틀어박힌 사람이 있었다. 그는 언제나 부지런했다. 특히 글쓰기에서는 더욱 그러했다.
  그는 내 집의 대숲을 그린 시를 써서 문단에 발을 들여놓았다. 그 작품이 「우울한 청동기시대 바람은 어디에」이다. 사실 지일이란 골짜기는 바람이 끊일 날이 없었다. 낮이고 밤이고 할 것 없이 바람의 내습이 계속되는 곳이었다. 자전거를 타고 다니면서 어려웠던 젊은, 거리의 문제가 아니었다. 앞에서 가로막는 그 지독한 바람이었다. 밤을 새워 쏴아아 등허리를 자욱이 깎고 가는 바람 소리. 원시적인 두려움을 수도 없이 간직하게 만들었다.

  청동기시대의 무문토기 위에
  기약 없이 언제 불어올지 모르는
  무형의 바람을
  얇고 날선 화강암 조각으로
  지워지지 않게 깊이 새겨 넣었다.
  흔들리지 않기

  오랜 침식의 시간 속에서
  다져진 흙덩이 하나로
  문신같이 새겨진
  바람의 형상
  아아 미치도록 그립구나
  깊은 잠 속에 헤매이는 청동기여

  꿈이었다.
  아주 묘한 꿈이었어
  깊이 잠든 청동기 몰래
  무문토기에서 살짝 나와

아무도 모르게 대숲을 흔들었지.
서걱이며 흔들리는 모습 지금도 잊지 못한다.
그 어디에서도 찾을 수 없었던
무리의 흔들림
더러는 아주 약하게
더러는 아주 강하게
하여, 시대의 꿈을 몰래 몰래 적셔주며
서서히 사방으로 불기 시작했다.
깊이도 알 수 없는 무형의 흔들림
더러는 아주 오만하게 무문토기
너의 안식처를 잊고 있을 때면
다시 낯선 화강암 조각으로
무문토기에다 가두지 못하는
우울한 청동기
몰래 세상으로 나가며 조그맣게
흔들리던 대숲을 그리고 있다.
　　　　—백규홍,「우울한 청동기시대 바람은 어디에」전문

　그러했다. 그 적막하고 오싹오싹 소름이 돋는 밤마다 마루 위 기둥에 대못을 박았다. 그리고 백 촉짜리 전등을 내다 걸었다. 그러면 모든 두려움이 멈출 줄 알았다. 돌부리를 밀어젖히고 흘러가는 물소리, 대숲의 음침한 뿌리를 적시며 흘러가는 물소리, 차츰차츰 불어나던 물의 흐름, 그뿐만이 아니었다. 지칠 줄 모르고 불어오는 지일의 바람 소리는 잠 속까지 따라왔다. 나는 움츠리고 앉아서 메모를 시작했다.

5

번번이 갈증이 덮쳐왔다. 희망은 뻥튀기처럼 부풀어 있었다. 새벽에의 절망은 끈질기게 따라와 붙어다녔다. 흩어진 낱개의 희망까지 오독오독 갉아먹던 쥐이빨을 가진 절망스런 거울을, 충혈된 눈으로 바라보았다. 나의 끈기는 너무 맹목적인 방법으로 기울었다.

그해의 장마는 한 달이나 계속되었다. 슬레이트 지붕이 날아갔고, 언덕의 황토흙이 무너져내려 시내로 통하는 농로를 끊어놓기도 했다. 그런 난리통에도 나의 게으름은 지속되었다. 낮에는 잠만 잤다. 비가 내렸고, 비가 그친 잠시 왕왕 고막을 찢으며 옻나무에서 매미가 울었다. 그래도 낮에는 잠만 잤다. 밤에는 척척하게 비가 내렸다. 나는 끊어진 길을 더듬어 내려갔다. 아랫동네 구판장 외상 장부에, 됫병의 소주와 쥐포, 정어리 통조림을 수북이 올려놓았다. 몇 권뿐인 책과 옷가지들이 지루한 곰팡이를 피워내는 동안.

6

가을은 서둘러서 왔다. 사과나무에도 석류나무에도 매달려 있었다. 새끼를 친 제비가 날아갔고, 황토를 바른 채로 산딸기가 둑길 곳곳에서 익어 있었다. 나는 사람이 떠난 집에서 제비가 집을 짓고 새끼를 치는 것을 본 적이 없다. 내가 보아온 제비는 한 해에 두 번 새끼를 쳤지만, 같은 집에서는 두 번 새끼를 기르지 않았다. 아버지의 써레질 위로 까맣게 몰려들어 빙글빙글 원을 그리며 낮게 날던 봄날의 그 제비들을 생각했다.

> 제비가 떠난 다음날 시누대나무 빗자루를 들고
> 제비집을 헐었다. 흙가루와 함께 알 수 없는
> 제비가 품다 간 만큼의 먼지와 비듬,
> 보드랍게 가슴털이 떨어진다. 제비는 어쩌면
> 떠나기 전에 집을 확인할지 모른다.
> 마음이 약한 제비는 상처를 생각하겠지.
> 전깃줄에 떼지어 앉아 다수결을 정한 다음날
> 버리는 것이 빼앗기는 것보다 어려운 줄 아는
> 제비떼가, 하늘 높이 까맣게 날아간다.
>
> ―「제비집」 전문

제비집 밑에는 으레 똥받이를 해놓았다. 제비가 떠나고 우리들은 다투어 제비집을 헐었다. 어머니는 제비 똥받이를 퇴비장으로 가져갔다. 탁탁, 널빤지를 부딪쳐 똥을 떨어냈다. 아무리 털어내도 그 똥받이엔 허연 자국이 남아 있었다. 제비 똥받이는 그 뒤 아궁이 속으로 들어가 활활 불타 없어졌지만, 서까래에 흙자국이 그대로 남아 있었다.

7

 그 폐가에서 나는 열심히 편지를 썼지만 답장은 좀처럼 오지 않았다. 날아간 슬레이트 조각을 이어놓고 비닐을 덮고 돌을 얹었지만, 비 오는 날이면 뚝뚝 빗물이 새어들었다. 어릴 때 교회에 갔던 일이 생각났다. 창문으로 보이는 교회 안에는 따뜻한 난로가 있었다. 그리고 밖에는 구질구질 비가 내리고 있었다. 오돌오돌 떨며, 우리들은 처마 밑에 서 있었다. 우리들 중에 누군가가 안에 대고 큰 소리로 외쳤다.
 "예-수-가-오-줌-눈-다-아-"
 우리들은 무언가에 쫓기는 사람처럼 달아나고 있었다. 흔들의자에 앉아 있는 사람이 그 많은 빗방울을 셀 수 있을까?
 비 맞은 아카시아 잎이 떨어져내렸다. 어릴 때 친구와 심심풀이로 가위 가위 보, 그렇게 한 장씩 떼어내던 아카시아 잎새가 왕창 떨어져내렸다.

스무 통이 채 안 되는 답장을, 그 집이 내려다보이는 썰렁한 아카시아 숲에 몇 겹으로 비닐을 동여매고 파묻었다. 나의 87년은 모두 그곳에 있는 셈이다.

3

그 잎이 지나갔다.
나는 이제 꽃에게 절할 줄을 안다.

옛집

 나는 이사올 때를 기억하고 있다. 여섯 살 먹었을 때였다. 나는 트랜지스터 라디오를 들고 왔었다. 예전에 할아버지가 살아 계셨을 적에 장에 가셔서 사오신 것이었다. 라디오 하면 덩치가 있어야 값어치가 있어 보이던 시절이었다. 할아버진 술을 드실 만큼 드시고 빈손으로 돌아오셔서 쓰러지셨다고 한다. 막내고모를 합친 가족들은 또 한 번 오해를 했다고 한다. 이 양반이 라디오는 안 사고 술만 퍼지게 드셨구나! 할머니가 할아버질 조심스럽게 흔드시며 말을 붙였다고 한다.
 "여보오, 라디오는 어떻게 되었어요?"
 그때서야, 할아버지는 주머니에서 라디오를 꺼내놓으셨다 한다. 동생은 엄마가 시집올 때 만들어 가져오셨다는 액자를 들고 왔다.

감나무에 앉은 새 두 마리가 서로에게 기댄 채 잠든 그림이 수놓아져 있는 액자였다. 셋째동생은 갓난아이여서 업혀서 왔다.

  나는 지금도 그때 살던 집에 가보고 싶다. 수수울타리 사이로 찻길이 보이던 집, 게딱지보다 작았던 집, 그런데 방이 몇 개였는지 셀 수 없는 집, 사시사철 마르지 않는 우물이 있던 집, 어른들은 다 들에 나가고, 어두운 집 안에 갇혀 악몽에 시달리던 집, 깨어보면 앉은뱅이 책상 밑이거나 재봉틀 밑이었던 집, 헐리기 전에 가보고 싶지만 마음뿐인 집.

땡감

땡감이 영글었다. 까까머리 수박 두드리듯 하면서, 그곳을 덥석 잡으면서 어른들은

"그놈 참, 영글었다."

라고 말을 하곤 했다. 나는 저녁을 먹지 못하고 잘 때가 더 많았다. 순간접착제를 눈가에 바른 것처럼 한번 눈이 감기면 떠지지 않았다. 누가 깨울 때만큼은 그게 누구라도, 다 이길 수 있었다. 나는 소리를 질렀다.

"그냥 놔둬. 제발 그냥 놔두라니까!"

그땐 먹을 것이 만만치 않았다. 날이 새기 전에 일어난 나는 집집마다 있는 감나무 밑으로 달려갔다. 나무 밑에 떨어진 땡감을 줍기 위해서였다. 그걸 햇볕에 널었다가 말랑말랑해지면 먹기 위해서

였다. 한 발이라도 늦으면 다 빼앗기고 말았다. 하루는, 월남에 갔다 온 아저씨네 집에 갔다. 접시감이 마당에 떨어져 있었다. 나는 정신없이 바구니에 주워담았다. 그런데, 감나무 위에서 시커먼 짐승이 하나 떨어져내렸다. 나는 그 짐승이 말로만 듣던 불곰이라고 생각했다. 그 불곰이 말을 했다.

"너, 오늘 잘 걸렸다."

아저씨는, 바구니를 빼앗고 준비해뒀던 새끼줄로 감나무에 나를 묶었다.

"누가 감을 주워가랬어? 누가 그러라고 시켰어?"

불곰의 입에서는 술 냄새가 술술술 풍겼다. 나는 잘못했다고 빌었다. 죽을 죄를 지었다고 빌었다.

"아저씨, 한 번만 봐주세요. 다시는 안 그럴게요."

불곰은 비웃고 있었다. 그는 이렇게 겁을 주었다.

"넌 오늘 뼈도 못 추릴 줄 알아, 새끼야!"

불곰은 평소엔 마음씨가 비단결 같다고 소문이 자자했다. 술을 마시는 날엔 그 비단결에 개똥이나 소똥을 싼 것이 되곤 했다. 하루는, 어디서 얼마나 많이 마셨는지 동네 사람들 다 나오라고 소리를 질렀다. 동네 사람들 다 덤벼도 한 주먹거리도 안 된다고 소리를 질렀다. 그가 우리집부터 쳐들어왔었다. 작은 함석 대문을 마치 베트콩의 배나 되는 것처럼 마구 찌르고 비틀고 해서 만신창이를 만들었다. 어머니 불곰과 아내 불곰이 담을 넘어서 빨리 피하라고 말했다. 아버지는, '똥이 더러워서 피하지 무서워서 피하느냐'

고, 어머니에게 소근거렸다.

　불곰이 작대기를 들고 왔을 때, 나는 눈을 감아버렸다. 사람이란 죽을 고비를 몇 번 넘겨야 진정 죽을 수 있을까? 그때, 불곰 어머니와 아내가 나타났다. 불곰 어머니는

　"차라리, 나를 죽여라."

　불곰이 뒷걸음쳐서 집 안으로 들어가는 사이에 불곰 아내가 나를 풀어주었다.

　"빨리 가라, 빨리빨리 가!"

　그곳엔 단감이 있어서, 자꾸 단감이 먹고 싶어서 불곰 집 근처를 배회하곤 했었다. 불곰이 없는 그 집은 적막 그 자체였다. 단감나무 근처엔 변소가 있었다. 심술부리기 좋아하는 불곰이 그랬는지는 모르지만, 단감나무 밑엔 변소에서 생기는 것들을 저장하는 항아리가 묻혀 있었다. 자기가 못 먹는 것을 남에게 주기 싫어하는 누군가의 짓이었다. 그곳엔 항상 간장처럼 검은 물이 가득 담겨 있었다. 그곳에 떠 있는 단감들! 누가 보지 않는다면, 그가 그걸 건져서 먹으라고 해준다면, 나는 망설이지 않았을 것이다.

토담

　봄이 되어 물앵두 꽃이 필 무렵이면 벌 구멍이 뚫린 토담이 나를 에워싸는 것 같다. 어디엔가 그런 토담이 아직 있을 것만 같다. 거기로 돌아가서 봄을 맞고 싶다. 눈이 더 흐려지기 전에, 정신이 더 흐려지기 전에, 더 늙기 전에. 그러나 나에게는 기다려줄 사람이 있는 게 아니다. 환한 비경이 넓도록 펼쳐져 있는 것 또한 아니다. 눈을 감고 벌이 들락거리는 소리와 나는 소리와 내 마음이 벌 구멍처럼 숭숭 뚫어지는 걸 느끼고 싶은 것이 전부다. 두께가 이삼십 센티밖에 안 되는 토담에 뚫린 구멍이 둘러쳐진 초가에서, 나는 현기증을 앓고 있었다. 벌이 들락거리듯 내 마음속을 생각이 들락거렸다. 멀리 가면 돌아오지 못할 것을 알고 있는 듯, 벌들은 자기 구멍 앞에서 날고 있었다. 징징 짜는 듯한 소리를 내면서 벌들이 뒤엉켜

날고 있었다. 담 안과 밖이 모두 벌 구멍이었는데 안과 밖이 밖과 안이 뚫려 있지 않았다. 부엌 뒷문 옆 소금 가마니 밑에 받쳐둔 사기 그릇에는 간수가 고이고 있었다. 뒤뜰의 장독대 옆에 앉아 햇볕을 쬐고 있었다. 바탱이들을 등지고 있었다. 나는 바탱이들에게 겁을 먹었다. 까맣게 칠해진 그들은 덩치로 나를 제압했다. 그들이 무엇을 담고 있는지 보지 못했다. 거긴 내가 갇힌 최초의 감옥이었는데 나는 그걸 알지 못했다. 나는 벌이 어디론가 멀리 날아가기를 바라고 있었는지도 모른다. 나는 지금도 거기 쭈그리고 앉아 바라고 있는지도 모른다. 가라, 다시는 돌아오지 마라.

새집을 짓고 블록 담에 페인트 칠을 했었다. 블록에 뚫린 구멍을 보았다. 그러나 구멍은 몇 개 되지도 않았고 깊지 않았다. 나는 페인트 붓으로 구멍을 때웠다. 왜 그랬는지는 나도 모를 일이다.

어제 있었던 일도 깜박하기 일쑤다. 오늘 할 일도 마찬가지다. 내가 쓴 글을 내가 기억할 수 없다. 꼭 누군가 대신 써준 것 같다. 난 토담을 기억하고 있는데 그런 건 사라진 지 오래다.

블록 담 안에 벌을 친 적이 있었다. 토담의 벌들을 벌통에 옮긴 것 같았다. 꿀을 따고 벌집에 설탕물을 끓여 부어주었다. 벌들은 집단 생활을 하고 있었다. 토담에 뚫렸던 하나하나의 구멍에는 얼마나 많은 벌들이 살고 있었을까?

사금(砂金)

1

개천을 따라 걸었다. 개천가에 싸리나무와 달맞이가 누런 대를 흔들고 있었다. 소나기 퍼붓는 소리를 내던 미루나무들도 앙상하게 하늘에 뻗쳐 있었다. 하늘은 회색이었다. 나는 보들레르의 시 「우울」을 암송하고 있었다. 뭉툭하게 솟은 길의 이랑을 따라 시든 풀들이 흔들리고 있었다. 개천의 물은 얼음 밑에서 흘러가고 있었다. 급하게 작두질을 해대고 있었다. 기차가 지나가고 있었다. 서로를 들이박기 위해 전력 질주해온 기차가 비켜가고 있었다. 새로운 풍경이 펼쳐지고 있었다.

붉은 벽돌집이 유난히 많은 읍내의 본모습이 드러나고 있었다.

나는, 그곳과 일정한 거리를 두고 걷고 있었다. 그곳에 가지 않아도 좋았다. 그곳까지 걸어갈 필요가 없었다. 나는 추억 속의 유랑민이었다. 추억의 시간들은 몇 번이고 바다까지 흘러간 뒤였다. 지금도 지진은 진행되고 있으나 발원지는 사라지고 없었다. 나는 추억 속을 걸을 수 없었다. 이 길을 걸어 추억 속에 이르고자 한 것도 아니다. 추억 속에서 상상의 영역은 소멸되고 없었다. 내가 추억 속을 걷고자 했다면, 바다에서부터 거슬러올라와야 했으리라. 하지만 나는 물을 따라가고 있었다. 밤보다도 지독한 얼음 속의 물빛, 얼음은 하얗게 이어져 군데군데 검은 웅덩이를 만들어놓고 있었다. 거품들이 부글거리며 끓고 있는 웅덩이는 솟구쳐오르고 있었다. 길은 개천을 따라 구부러지기도 했고 반듯하게 펴지기도 했다. 그 길에는 사람도 없었고 사람의 발자국도 없었다. 경운기 바퀴 자국이 길의 두 골에 깊이 패어 있었다. 뒤에서 바람이 불고 있었다. 어서 지나가거라, 어서 지나가거라, 다시는 오지 말거라. 전깃줄에 걸린 바람이 신음을 하고 있었다. 눈보라가 환하게 허공을 긋고 있었다. 눈보라는, 나를 눈사람 속에 가두어놓기에 역부족이었다. 기온은 영상과 영하의 저울 위에 수평을 이루고 있었다. 나는 길의 이랑 위를 걸어가고 있었다.

   논들은 대부분 직사각형이었다. 두엄을 군데군데 쌓아놓은 것이 바다의 섬들 같았다. 멀리 배나무 과수원이 보였다. 배나무 과수원은 꿈을 꾸고 난 뒤의, 어떤 풍경처럼 희미했다. 과수원 아래 붉은 기와집들이 올망졸망 모여 있었다. 붉은 기와집들은 지루하게 희뿌연 연기를 끌어올리고 있었다. 그 연기들은 눈보라에 지워지지 않고 있었다. 그 연기들은 영원히 지지 않을 얼룩 같았다. 눈보라는 하늘이 내리는 저주 같은 것이었다. 연기들은 하늘의 저주를 뚫고 느긋하게 하늘로 가고 있었다. 언덕 밑에 신음하고 있는 집들이 상처를 위로받으러 가고 있었다. 영혼이었다.

2

　직산에는 연탄 공장이 자리잡고 있었다. 산더미같이 쌓아올린 탄더미 위에 국방색 포장이 덮여 있었다. 그쪽 풍경은 걸어갈수록 어둑어둑해져서 어둠이 깔리는 것 같았다. 나는 파카 소매를 걷어붙이고 시계를 보았다. 한나절이 겨우 지난 시간이었다. 내가 가고자 했던 곳은 음산한 하늘 밑에 있었다. 나는 그만 걸음을 멈추고 말았다. 거기까지 걸어가서 확인할 무엇이 있는 것도 아니었다. 만나야 할 사람이 있는 것도 아니었다. 나는 개천에 걸쳐진 다리를 바라보았다. 개천 건너에도 내가 걸어왔던 것과 비슷한 길이 있었다. 그 길도 이 길과 마찬가지로, 텅 비어 있었다. 길과 길 사이의 얼음 위에서, 눈이 날리고 있었다. 사람들로부터 얼마만큼 멀어져야 완전히 벙어리가 될 수 있을까? 바람보다 차가운 체온을 가져야 춥지 않을 것이다. 이렇게까지는 되지 않을 거라 믿었어야 서러움이 북받칠 것이었다.

나는 직산까지 가지 못했다. 아니, 가지 않았다. 그곳에서 만날 것은, 어쩌지 못한 회한뿐이었다. 나는 뒤를 돌아볼 뿐이었다. 거기에 사금이 있을 턱이 없었다. 나는 무너져내린 하늘을 바라보았다. 나는, 어느새 초상집 마당에 쳐진 포장 속에 들어와 있었다. 누가 죽었던가? 나는 추억 속에서 실종된 한 사람을 찾고 있었다. 사금이 눈물 속에서 반짝반짝 빛나고 있었다. 눈물 속에서, 뜨거운 햇볕이 모래 언덕을 달구고 있었다.

정원을 바라보는 시간

밤에 집에 돌아와 창문을 연다. 창문은 이중으로 되어 있다. 안의 창문에는 지지 않을 성에 무늬가 수놓아져 있다. 나는 안의 창문만을 연다. 그리고 건너편의 정원을 바라본다. 그곳에는 감나무와 모과나무가 서 있다. 붉고 노란 열매들이 다닥다닥 매달려 있다. 가을이 깊다는 생각이 든다. 은행나무 이파리들이 반쯤 노랗게 물들어 있다. 정원과 창문 사이에는 골프 그물이 쳐져 있다. 그걸 천천히 알아차린다. 나는 창문을 바라보는 건지 정원을 바라보는 건지 착각에 빠진다. 창문 밖에는 정원이 있고 골프 그물이 있고 장롱과 침대가 놓여 있다. 형광등이 켜져 있다. 그리고 천장이 있다. 그러나 나는 그곳에 없다. 나는 바라보는 사람이다. 내가 아닌 다른 것만을 바라보는 사람이다. 나는 그것들을 바라보고 지켜볼 뿐이다.

나를 잊기 위해 글을 쓰지만, 글을 쓰고 난 다음엔 언제나 절망하고 만다. 어떤 대상을 골랐든, 어떤 의미를 생각했든, 그곳엔 나를 닮은 것들이 자리잡고 있다. 나를 지우려고 애썼건만 나를 그릴 수밖에 없음에 번번이 주저앉고 만다.

내가 바라보는 정원과 환한 방은 겹쳐져 있다. 나는 정원과 환한 방을 연결시켜준 매개자 역할을 했을 뿐이지, 그 무엇도 아니라는 생각을 한다. 나는 있어도 그만이고 없어도 그만인 존재이다.

내 삶인 방을 가지고, 정원의 열매들을 바라보고 있다. 나의 내면을 방이라고 여겨도 좋을 것 같다. 내면에 비친 풍경을 그려낸 그림이 내가 쓴 글의 전부였다고 생각해본다. 세상에 잘 알려지지 않은 것, 사람들이 알려고 하지 않는 것, 거들떠보지 않는 것, 관심 밖에 있는 것, 버려져 잊혀지는 것, 그런 것들을 바라보고 있을 때, 나는 늪처럼 편하다. 내가 그런 것들과 닮아 있기 때문이다. 나는 그런 것들을 알려고 노력한다. 나의 그런 노력은 바라봄의 연속이다. 그런 것들을 자세히 바라보고 있으면 안쓰럽다. 그것들의 보이지 않는 견딤을 보고 있으면 답답하다. 나는 곧 끝이 없는 터널 속에 갇히고 만다. 들리지 않던 미세한 신음 소리까지 들리게 되고, 그 신음 소리가 완쾌를 비는 끝없는 기도문으로 들리게 된다.

나는 결국 나와 싸울 수밖에 없음을 알게 된다. 내게 보이는 세상은 아픈 것들로 채워져 있다. 그런 존재들에게 내가 할 수 있는 것은 위로가 아니라는 것을 알게 된다. 그보다 더 아픈 모습을 보여주는 것이 아픈 자에게 할 수 있는 최상의 위로가 아닐까? 나는 그렇게 생각한다. 너는 그래도 견딜 만하잖아! 견디지 않으면 어떤 방법도 없잖아!

내가 바라보던 정원과 앉아 있던 환한 방은 온데간데없다. 내 눈앞에는 골프 그물이 쳐져 있다. 나는 한계에 대하여 생각하고 있다.

기억이라는 과거들을 질질 끌고, 끝까지 가보자! 나는 바꾸려고 노력한다. 그러나 나는 천장을 하늘로 바꾸고 만다. 나의 과거인 천장의 우중충한 무늬 대신 푸른 하늘을, 해와 달과 별과 구름을 보게 된다. 그러나 그것들을 바라보는 동안, 하늘로 밀어올린 천장을 받치고 있어야 한다.

나에게는 정원이 딸린 집이 없다. 아니, 그런 곳에서 산 적이 없다. 그런 집에 갔던 적도 없다. 내가 바라보는 정원은, 이 세상에는 없다. 내 마음속의 정원은 가꾸지 않아 제멋대로다. 나는 누구에게 들켜서는 안 될 정원을 갖고 있다.

창문을 닫아건다. 후줄근히 빗물 자국이 난 체크 무늬 커튼을 드리운다. 다시 밥상이 들어온다.

오동나무

 짧은 커트 머리 그녀를 기다린다. 그녀는 변하지 않는다. 대신 내가 변한다. 철길이 있다. 기차가 다니지 않는다. 곧 철거될 건데…… 아직이다.
 그녀를 기다린다. 나는 화가 난다. 처음엔 기다리는 게 좋았다. 그러나 지금은 아니다. 서부동 사거리다. 비가 온다. 비를 맞는다. 속이 쓰리다.
 아르바이트 시간이 뒤로 밀렸나 보다. 그녀는 닭을 튀기고 있을 거다. 아님 오뎅 꼬치를 만들고 있을 거다. 김밥을 말고 있을 거다. 문어 다리 튀김을 만들고 있을 거다. 계란을 삶을 거다. 떡볶이를 젓고 있을 거다. 거스름돈을 내줄 거다. 그녀가 오지 않는다. 오동나무 잎이 푸르다. 넓고 푸르고 높다. 안주머니에서 담배를 꺼내 문다.

성냥이 젖었다. 그녀의 푸른색 자전거가 높은 곳의 물뿌리개에서 떨어지는 촘촘한 물줄기를 가르고 오지 않는다. 나는 그만두고 돌아갈 수 없다. 내겐 연락처가 없다. 그녀가 나를 찾을 리도 없다. 나는 그녀의 분식점까지 찾아갈 용기가 없다. 내겐 없는 것투성이다.

오동나무에 구멍이 하나 뚫려 있다. 하드 막대기와 비닐 봉지 담배꽁초 같은 것들이 버려져 있다. 오동나무와 오동나무 구멍에 든 것들은 어울리지 않는다. 왜 안 어울릴까? 그녀와 내가 왜 어울리지 않을까? 내가 하드 막대기일까? 내가 뜯어진 비닐 봉지일까? 내가 짓뭉개져 꺾인 담배꽁초일까? 속이 어둡다. 불탄 자리 아니면 그 자국 같다. 난 알고 있다. 이 오동나무의 구멍은 수평이 아니다. 기다림은 수직이다. 온 곳이 뻥 뚫린 구멍으로 이어진 오동나무. 청무 같은 살에 손을 댄다. 손이 미끈댄다. 맘이 미끈댄다.

그녀가 오지 않는다. 나는 다음을 약속할 수 없다. 다음을 약속하기 위해 그녀를 기다린다. 차가 지나간다. 빗물 웅덩이가 갈라진다. 그래도 웅덩이는 그대로다.

오동나무는 속의 구멍을 넓힌다. 보랏빛 꽃이 진 자리에 씨의 창고가 생긴다. 자신을 닮은 분신을 만들고 싶어, 모든 것들은 안달을 한다. 나는 그녀를 기다린다.

새벽

저물 무렵에 잠에서 깨어나는 일이 종종 있어왔다. 그럴 때는 새벽이라고 믿어 의심하지 않게 된다. 누구나 그런 경험이 한 번씩은 있을 것이다. 새벽에 일어나 책보를 메고 학교에 가는 아이가 있었다.

오월이었다. 보리를 벨 무렵이었다. 학교에서 보리 베는 일을 도우러 나갔다 돌아온 저녁이었다. 아이는 아침도 거르고 도시락도 없이 헐레벌떡 학교에 뛰어가고 있었다. 아이들에겐 학교에 일찍 가는 습관이 있었다. 오십칠 명이 한 반이었다. 일찍 온 순으로 열 명에게 청소당번을 빼주는 담임선생님 때문이었다. 열한번째가 될라 철조망을 넘어 교실로 질주하는 아이들이 있었다. 그 아이는 집이 가까운 편이었다. 뛰어서 넉넉히 이삼 분이면 도착할 거리였다. 그날도 아이는 전력질주를 하고 있었다. 두 끼를 굶어도 몇십 분 일찍 귀가하는 편이 나은 것이었다. 몇십 분 일찍 끝낼 수 있는 학교가 눈앞에 보였다. 5학년 2반 교실 앞에 도착했다. 아무도 없었다. 오늘은 일등을 했다. 아이는 교실 문을 열고 들어섰다. 자리에 가서 앉아 숨고르기를 마친 아이는, 아이들이 올 것에 대비해 커튼 뒤에 몸을 숨겼다. 아무도 나타나지 않는다. 교실만큼의 어둠이 운동장에 깔린다. 아이는 혼자서 두려워진다. 아이는 지금 저녁이라는 걸 의심하지 않는다. 복도 건너편 숙직실의 불빛이 점점 환해진다. 그만큼 아이의 마음은 어두워진다. 자신이 사라지기 시작한다. 그래도 아이는 기다려본다. 언젠가 아이들이 나타나지 않겠나.

플라타너스

  플라타너스 열매가 주렁주렁 맺혀 사방으로 흔들린다. 달리기하는 남자들의 불알을 한데 모아 걸어둔 것이다. 가지에 붙어 대롱거리는 저 많은 불알을 쓸 곳은 어디에도 없어 보인다.
  언제부터 거기 있었는지 모른다. 초등학교 4학년 아니면 3학년 쯤부터 거기 있었을지 모른다. 나는 육상부여서 운동장 테두리를 따라 몇 바퀴인지도 모르게 뜀박질을 하고 있었다. 체육 선생님은 교무실에 들어가셔서 가랑이를 난로 사이에 벌리고, 허리를 젖히고 앉으셨다. 가끔씩 줄맞춰 운동장 테두리를 잘 돌고 있는지 내다보고 계셨다. 보리차 물이 주전자 뚜껑을 들썩들썩 들고는 혹혹 김을 뿜고 있었다. 체육 선생님은 당직 서는 여선생님과 무슨무슨 말씀인가를 나누고 계셨다.

내가 어쩌자고 그런 행동을 했는지 모르겠다. 운동장 주위에는 아름드리 플라타너스가 서 있었다. 나는 언제 끝날지 모르는 운동장 테두리 돌기를 그만두고 플라타너스 뒤에 숨어버렸다. 점심때나 돼야 운동장 테두리 돌기가 끝날 줄 알았다. 그때쯤에야 체육 선생님이 운동장에 나오실 줄로 알았다. 하지만 그날은 너무나 일찍 운동장 테두리 돌기가 끝났다. 교무실에서 무슨 일이 있었는지는 모른다. 체육 선생님은 한 명이 없어진 걸 알아차렸다. 나는 싸리 빗자루를 들고 뛰어오시는 체육 선생님을 보지 못했다. 싸리 빗자루 살이 온몸을 휘감은 다음에도, 원산폭격에서 일어난 다음에도, 그 빌어먹을 불알들은 소리 없이, 비웃듯이 대롱거리고 있었다.

등나무

　도서관 이층 소파에서 하룻밤을 자고 기숙사를 향해 걸었다. 웬 까치가 이렇게 많니?라고 물었을 때, 그는 여기가 '까치대학'이라고 했다. 줄여서 까대예요, 라고.

　언젠가 벚꽃이 필 무렵에도 한 번 왔었다. 기숙사 앞 야산에 염소가 매어져 있었다. 배가 터질 듯이 불러 있었다. 내가 곧 새끼 낳겠다, 라고 말했다. 그는 뭐하게요, 라고 말했다. 나는 구경이라도 해야지, 라고 말했다. 염소가 새끼 두 마리를 낳았다.

　등나무 아래서 잠을 자려고 했었다. 그러나 모기에 뜯겨서, 더 정확히 말해서, 벤치에 등을 대고 누웠을 때, 등이 시려워, 이게 무슨 주책바가지냐는 생각이 들었다. 누울 수도 앉아 있을 수도 없었다. 음료수 자판기의 불빛이 보름달빛보다 세 배쯤 밝았다. 가방을 열고 전화카드를 꺼냈다. 그에게 호출을 해볼 생각이었다. 기숙사로 전화를 걸었다. 계속 통화중이었다. 짐 싸야 해요. 집에 가봐야 해요. 짐 싸야 해요.

"나다. 지금 등나무 아래 벤치다. 등이 시리고 모기가 뜯어서 잠을 못 잔다. 집에 갈 수도 없고…… 잘 자라. 짐 싸고 있거나 코 골고 있겠구나. 잘 자라."

모기들이 따끔하게 충고해주고 있었다. 모기가 나무 밑에 많은 줄은 알았다. 하지만, 이 정도로 들끓는 줄은 몰랐다. 그를 새벽 한시쯤 기숙사 앞까지 데려다줬으니, 두시 삼십분쯤 됐을 것이다.

등나무 아래에는 여덟 개의 벤치가 있었다. 나는 자판기를 기준으로 왼편 세번째 벤치에 앉아 있었다. 자꾸 집 생각이 들었다. 그럼 안 된다 안 된다라고, 나를 달래는 또다른 나는, 아무것에도 필요 없는 허수아비였다. 그런 나에게 그가 말했었다.

"아무리, 형을 이해하려고 해도 소용없어요. 왠지 아시겠어요? 형은, 인생을 너무 막살고 있는 걸 아세요? 그런 형이 답답해요."

"제발 좀 그만 웃겨라. 이젠 웃을 힘도 다 탕진했다."

교문 밖 슈퍼까지 걸었다. 개구리가 울고 있었다. 머리를 뒤로 묶고, 모자를 눌러쓴 남녀가 개구리 울음을 향하여 앉아 있었다. 그들은 자신의 감정에 충실한 나머지, 등뒤로 지나가는 차나 사람들에겐 관심을 두고 있지 않았다. 슈퍼 앞 파라솔 밑에서 컵라면을 먹었다. 슈퍼가 문을 걸고 불을 꺼버렸다. 주위가 칠흑으로 변했다. 타산이 안 맞으니 불을 끄겠지, 라고 중얼거렸다. 파라솔 밑과 평상 위에 빈 컵라면 용기만이 야광처럼 뒹굴고 있었다.

그들은 벚나무 아래 앉아 있었다. 그들은 같은 흰 티를 입고 있었다. 어느 쪽이 남인지 여인지 분간이 가지 않았다. 그들이 남과 여인 것은 목소리로 알 수 있었다. 그들은 사랑 싸움을 벌이고 있었다. 그들은 서로에게 원하는 것이 많은 모양이었다. 그가 힐끗, 그들의 등을 더듬었다.

"참 좋을 때죠?"

나는 좋을 때가 언제였나, 더듬어보았다. 무턱대고 좋을 때가 아니고, '참'이 들어가도 좋을 때.

그는 슈퍼에 들어가 우유와 두유와 빵과 과자 부스러기를 골라 들고 계산대 앞에 서 있었다. 냉장고 안엔 소주와 맥주와 막걸리가 마개를 쓰고 있었다. 냉장고 안에 선망의 눈길을 보내고 있는 내게 다가온 그는, 오른쪽 팔을 꼬집어 비틀었다.

"형, 꿈 깨셔야죠."

검은 비닐 봉지를 흔들며 남녀가 있는 곳까지 걸었을 때, 그들은 각자 무슨 생각에 빠져 있는지 개구리 울음만이 서러움에 북 주듯이 울어대고 있었다. 나는 그에게 도서관 앞에 가 있으라고 했다.

"술 사러 가는 건 아니겠죠, 형."

나는 절대로 그렇지 않다고, 빗속의 와이퍼처럼 두 손으로 앞을 닦아 보였다.

나는, 접어신은 운동화를 제대로 펴서 신고 끈을 졸라맸다. 나는 방금 전에, 아무 쓸모도 없는 것들만 샀던 슈퍼로 가서 문을 두드렸다. 캔맥주 하나를 사서 마셨다. 남녀는 개구리 울음 속에 깊이 빠져들어 있었다. 나는 개구리들이 눈치 채지 못하도록 운동화 뒤꿈치를 들고 걸었다. 빨리 정신을 차리는 게 상책이다. 알았느냐? 내가 그들에게 그따위 말을 해줄 필요는 없었다. 등뒤로 가까이 다가가도록, 그들은 눈치 채지 못했다. 무슨 말을 해야 상대방의 마음을 수중에 넣을 수 있을까? 꼼짝달싹 못 하도록 만들 수 있을까? 숨통을 끊어놓을 수 있을까?

나는 그 둘의 등을 힘껏 떠밀었다. 그 둘은 엄청난 몸집의 식용 개구리가 되어, '첨벙' 논으로 뛰어들었다. 그 둘은 기가 막힐 사이도 없었다. 손을 들어 얼굴에 묻은 진흙을 걷어내야 했다.

내가 이백 미터에서 삼백 미터 사이를 뛰어가고 있을 때, 그 둘은 화해를 한 뒤였다. 그 둘은 어느새 하나가 되어 있었다.

"야이 새끼야, 거기 서! 거기 서지 못해!"

남녀의 고함 소리가 높고 넓은 개구리 울음소리를 잠재우고 있었다.

나는 그들에게 추억을 심어주고 싶었다. 이 일이 계기가 되어 화해하기를 빌고 있었다. 숨이 차서 더이상 뛸 수도 걸을 수도 없는 지점에 그가 서 있었다.

"왜 그래요, 형. 뭐 죄진 거 있어요?"

나는 그에게 고개를 끄덕여줬다.

"사는 게 다 죄짓는 것 아니겠냐?"
"방금 전에 무슨 죄 지었냐구요?"
"죄는 무슨 죄?"
"에이, 아닌 것 같은데…… 솔직히 말해봐요, 빨리……."
"넌 참 끈질긴 데가 있는 애다."
"……."
"난 가끔, 진흙 구덩이에서 깨는 꿈을 꾸곤 한단다."

똥차

 아침 일찍 일어난 아주머니는, 남편 출근시키느라 아이들 학교 보내느라 분주한 시간을 보냈다. 간단하게 세면만을 마친 아주머니는 화장을 할 시간도 없이 주섬주섬 옷을 주워입고 계단을 내려왔다. 지하엔 노래방 일층엔 분식점, 꼬치구이집이 들어서 있고, 이층부터 삼층까지는 네 가구의 전셋집이 들어와 있고, 주인 아주머니는 사층 독채를 쓰고 있었다. 아침의 상가건물 주변은 장이 파한 뒤의 아수라장이었다. 그런 풍경에 익숙한 터라, 아주머니는 인상 한 번 쓰지 않았다. 자신의 승용차 운전석에 앉은 아주머니는 시동을 걸고 좁쭙하기만 한 주차장을 빠져나왔다. 금방 대로가 나왔다. 이른 출근 시간이라 길이 막히지 않았다. 약속 시간에 늦지 않으려고 새벽같이 일어났건만 꾸무럭대기 선수들인 남편과 두 아이들

땜에 넉넉하게 갈 시간을 놓쳐버렸다. 신호에 걸렸다. 아주머니는 시계를 보며 거리를 재보았다. 부리부리한 눈을 한 시누이의 얼굴이 클로즈업되었다. 약속 시간을 어길 경우에 떨어질 불호령은, 아주머니의 여린 심성으론 감당해낼 수 없는 것이었다. 아주머니는 신호등만을 주시하고 있었다. 지하철을 탈 걸 그랬나? 아주머니는 조바심에 무릎을 달달달 떨고 있었다. 다시 택시로 갈아탈 일만 없었더라도, 아주머니는 기꺼이 지하철을 탔을 것이다.

옆 차선에 멈춰 선 버스는 만원이었다. 만원의 사람들이 창 밖을 내다보고 있었다. 그들은 끼득끼득 웃고 있었다. 처음엔 자신을 보고 웃는 게 아니겠지, 무시해버렸다. 하지만 그 웃음은 아주머니를 따라오고 있었다. 아니 따라다니고 있었다. 어떤 이는 손가락으로 가리키며 웃고 있었다. 룸 미러로 얼굴을 살폈다. 얼굴엔 아무것도 묻어 있지 않았다. 저것들이 왜 웃는 거지. 아주머니는 심사가 불편해졌다. 내가 무슨 잘못을 했다고. 설사 잘못을 했다고 해도, 저렇게 많은 사람들이 나를 알아볼 수는 없지 않은가.

약속 시간을 지켜 나갔건만, 시누이의 거만하기 짝이 없는 낯짝은 보이지 않았다. 원두커피 전문점엔 손님이 없었다. 크리스마스 트리가 실내를 화려하게 점등하고 있었다.

건물을 사기 위해, 시누이에게서 꿔온 돈의 이자를 갚는 날이었다. 그 20일이 왜 그리 빨리 돌아오던지. 아주머니는 시누이가 올 때까지 기다려야 했다. 건물에 세 든 사람들은 장사가 안 된다고 아우성이었다. 월세를 내지 못하니 보증금에서 월세를 까라는 집이 둘이었다. 남편이 받아오는 월급으로 네 식구가 생활하고 이자를 갚아나가기란 어림 반푼도 없는 일이었다. 건물을 내놓은 지가 언젠데 보러 오는 사람이 없었다. 아주머니는 보험회사에 나가고 있었다. 시누이가 왔다.

이자를 건네준 아주머니는 출근 시간에 대기 위해 부랴부랴 일어서서 주차장으로 향했다. 아주머니는 승용차 지붕을 보고 그 자리에 멈춰 섰다. 지붕 위에 똥이 한 무더기 올려져 있었다. 어떤 놈인가, 희한한 놈도 다 있었다. 왜 하필 남의 차 지붕이란 말인가. 똥을 눌 데가 그렇게도 없었단 말인가.

아주머니는 수돗가로 가서 대걸레를 가져왔다. 똥은 얼어붙어 쉬 떨어지지 않았다. 차 지붕에서 떨어질 생각을 하지 않았다. 누군지 잡히기만 해봐라. 혼짝을 내주고 말 테니. 아주머니는 대걸레에 힘을 줘 똬리를 튼 똥을 밀어 떨어뜨렸다. 그리고는 차 지붕을 박박 문질러 닦았다.

아카시아숲

 무작정과 무책임은 어떤 관계를 가지고 있을까? 그 둘이 만나 서로를 쳐다보게 된다면, 어떤 표정을 짓게 될까?

 아버지 말씀대로, 공고에 가서 얼른 취직이나 했어야 옳았다.

 나는 서울행 열차 안에서 사과박스 두 개를 선반 위에 올려놓고 있었다. 여기저기 옮겨다녔는데도 용케 버림받지 않은 갱지들이었다. 뒤로 물러나 앉는 풍경들 속에서 창문에 비친 넋 나간 내 모습은, 기억 속에서 송두리째 지워버리고 싶은 혐오스러움이었다. 나는 실업자의 길로 접어들기 위해 서울로 가고 있었다. 나는 그 일에서조차 방관자였다. 취직 시험을 보기 위해 뛰어다니는 동료들

틈에서 나는 무엇이었던가. 그들은 모두가 남이었다. 딴 세상 사람들이었다. 나는 언제나 외톨이로 남고자 애쓰지 않았던가. 누가 뭐라고 하더라도, 나는 그 일에서만큼은 벌집이 되지 못했다. 대학 4학년, 10월이 막바지로 가고 있었다.

연희동 산 번지 시민아파트 여동생 방에 끼여들었다. 아침 일곱 시에 나간 동생은 자정이 되어 돌아왔다. 나는 불을 끄면 밤이 되는 방에 누워 잠을 청했다. 지겨움이 허리를 아프게 했고 창 밖에 어른거리는 아카시아 앙상한 그림자가 달밤을 연상시켜주었다. 나는 요양소에 들어와 손수 밥을 지어먹는, 장기간 치료를 요하는 불치병 환자가 되어가고 있었다. 오후인지 오전인지 알 수 없는 시계의 시간들…… 나는 벌떡 일어나 눈이 녹는 눈사람처럼 허물어졌다.

그 아파트엔 빈자리가 없었다. 웬 살림살이가 그리 많은지 모를 일이었다. 오십 평쯤에서 살던 살림을 열 평으로 옮겨온 것 같았다. 주인집엔 다섯 식구가 한 방에서 살고 있었다. 주인 어른은 학교 선생님이신데 바람이 나서 딴 살림을 차렸다는 것이었다. 둘째 주인은 보험회사에 나가고 있었다. 둘째 주인말고는 벌이를 하는 사람이 없었다. 첫째아들은 고등학교를 다니다 그만두고, 여자애를 데려와 덜컥 애까지 하나 낳아버렸다. 둘째아들은 고등학생이었는데 학교 생활에는 영 취미가 없는 것 같았다. 그 넷은 하루 종일 방 안에 틀어박혀 으르렁거리며 싸우기도 하고 사이좋게 누워 잠도 자는 모양이었다.

나에게는 여분의 열쇠가 주어지지 않았다. 안방의 고래들은 한 번 잠들면 도무지 일어날 줄을 몰랐다. 가져갈 것이 아주 없는 건 아니어서 문을 열어두고 외출할 수는 없었다. 나는 외출해서 동생이 돌아올 자정을 넘겨 돌아오곤 했다. 어두워져야 사람들을 만날 수 있었다. 나는 어두워질 때까지 아파트 위로 난 길을 걸었다. 바닥에 수북하게 떨어진 아카시아 잎은 어떤 벌레의 껍질들 같았다. 그 벌레 껍질들을 밟을 때마다 끓는 기름에 튀겨낸 벌레들을 깨무는 것 같았다. 소름이 돋는 길이었다. 배드민턴을 치는 노인네들, 허리 운동을 하는 노인네들, 약수 물을 길어오는 노인네들, 노인네들…… 붉은 옷을 입고 있는 노인네들…… 나도 노인네가 되어 있었다. 노인네들만 살고 있는 아카시아 숲으로 둘러싸인 섬에서는, 노인네들까지도 나를 무시하고 있었다. 그들은 나를 거들떠보려 하지 않았다. 나는 거기서도 허깨비가 되어 있었다. 나는 사람이 아니었고 귀신도 아니었다. 나는 야산을 뒤덮은 아카시아 숲에서 숨만 쉬고 있었다. 거기서 아카시아가 될 수도 없었다.

나는 외출해서는 돌아가지 못하는 날이 많았다. 그곳은 돌아갈 수 없는 섬이었다. 막걸리 집에서 포장마차에서 새벽을 맞았다. 선배들의 하숙집과 자취집을 전전했다. 나는 끝까지 가보자고 다짐했다. 끝까지 간 다음엔 어떻게 될 거라는 추측은 하지 않았다. 나는 무작정 가려고만 했다. 신설동과 인사동과 신촌의 은행나무는 노랬다. 나는 노랗게 물들였던 예전의 단무지를 떠올렸다. 싹바가지가 노랗다고 구박하던 아버지, 은행나무 잎을 보았는데 눈물이 났다. 비 내리는 새벽 거리를 무작정 걸었다. 아스팔트 길 위에 달라붙은 은행잎들이 어디든지 따라와 있었다. 나는 잠긴 술집 문을 두드렸다. 집에 가는 것조차 막막했다. 밤의 공중전화 부스 안은 시체 없는 관 속 같았다. 그곳을 지나칠 때마다 소름이 돋곤 했다. 누군가 자꾸 나를 부르는 것 같았다. 뒤를 돌아보면, 무심코 걸어온 보도블록과 캄캄함 일색의 아스팔트뿐이었다. 나는 참지 못하고 동생에게 전화를 걸었다.

"오빠, 어디야. 빨리 오지 않고 왜 거기 있어. 빨리 들어와……."

택시는 종점이 없었다. 내가 사는 종점까지 가려고 하는 택시는 없었다. 나는 큰길에서 내려 급경사진 언덕을 오르면서 자책하고 있었다. 잉여인간, 질풍노도, 육시랄 같은 추잉껌을 씹고 있었다.

동생은 밥상을 차려놓고 나를 기다리고 있었다. 나는 여성지들을 포개놓고 전동식 타자기를 올려놓았다. 타다닥, 타다닥, 타다닥, 동생은 몇 번이고 몸을 뒤척였다. 벽을 찾는 것 같았다. 나는 딱따구리처럼 동생의 잠을 쪼아대고 있었다. 나는 손가락으로 동생의 잠을 파먹고 있었다. 나는 사과박스의 갱지들을 방 안에 펴놓고 암호를 해독하고 있었다.

오후의 가느다란 햇살을 받아먹고 있는 아카시아 숲을 헤맸다. 아카시아들은 가느다란 가지를 갖고 있었다. 아카시아 가시에 찔려 바람이 울고 있었다. 아카시아 가지를 붙들고 바람은 울음을 그치지 않고 있었다. 아카시아들은 장작이 되기 전의 통나무 같았다. 집 안에 틀어박혀 외부와는 일절 연락을 끊고 있었다. 무엇을 하고 있을까? 책을 읽고 있을까? 대하소설을 쓰고 있을까? 가슴 저린 연시를 쓰고 있을까? 새로운 싹을 준비하고 있을까? 아카시아 씨방들은 요란한 소리를 내고 있었다. 오두방정을 피우고 있었다.

첫눈이 내렸다. 1989년 12월이 시작되었다. 한 장 남은 달력의 눈 덮인 풍경을 보았다. 서글픔이 모여들었다. 숨쉬는 것조차 힘에 부쳤다. 생이 한 달밖에 남지 않았다고 믿게 되었다. 나는 사과박스의 갱지들에 매달려 살았다. 심장 박동이 방 안에 들어찼다. 시계 초침이 방 안을 쪼아대고 있었다.

12월 9일, 사과박스에서 건진 열일곱 편의 시를 신문사에 가져갔다. 문학담당 기자 옆에 놓인 박스에 '신춘문예 응모 작품'을 넣고 나왔다. 바람이 차가웠다. 종로3가까지 걸었다. 피카디리, 단성사 앞에서 서성거렸다. 희뿌연 하늘 위에 '정오의 태양'이 걸려 있었다. 동생에게 전화를 걸기 위해 줄을 섰다. 어서 서울을 떠나고 싶은 충동이 일었다. 동생은 가지 말라고 했다. 나는 가야겠다고 했다. 가지 않으면 안 되겠다고 했다. 나는 고속버스 터미널에 가기 위해 3호선 전철을 탔다. 무엇이 되고 싶다는 바람을 품어보지 않은 사람이 어디 있을까. 무엇인가, 철커덕철커덕 끊어버리고 달리는 전철. 언제 끝날지도 모르는 터널 속을 달려가고 있었다.

거울을 둘러싼 슬픔

새벽이라고 하면 늦은 감이 있고, 아침이라고 하면 좀 이른 감이 있는 시간, 여섯시 정각. 아래층에 사는 주인 아주머니로부터 전화가 걸려왔다. '왜, 밤새도록 물을 틀어놓고 잠그지 않느냐'는 것이었다. 남편이 전화를 받고 그녀를 흔들어 깨웠다.
"물 틀어놨어요?"
그녀는, 그 소리를 듣고 벌떡 일어나 앉았다.
그녀는, 주방으로 달려가서 수도꼭지를 잠그고, 다시 자리에 돌아와 눕는다. 남편의 귀에 그녀의 목소리가 들려온다. 그녀는 푸념 섞인 소리로 자신의 흐릿해진 정신을 책망하고 있다.
"늙으면, 어서 죽어야 돼!"
그러나, 그녀는 아직 삼십대 초반이다. 늙은 것이 아니다. 건망증이 심해진 것일 뿐이다. 그제는 어버이날이라 시골에 계신 시아버지가 올라와서 새벽 세시가 넘어 잠들었고, 하루 종일 가게에 나가 시달렸다. 그리고 일을 마친 밤 아홉시에는 시누이와 만나 늦은 저녁을 먹고 졸면서 집으로 돌아왔다. 집에 돌아와서도 그녀는 그대로 잠들 수 없었다.

아이가 유치원에 입고 갈 원복을 빨아야 했기 때문이다. 그녀는 더럽혀진 아이의 원복을 세탁기에 넣고, 세제를 넣고 수돗물을 틀었다. 탈수도 안 되는 세탁기는 밖에 있었으므로 고무 호스를 길게 늘여 주둥이에 넣어줘야 했다. 그리고 잠깐 자리에 눕는다는 것이 자정 무렵이었으니, 최소한 다섯 시간은 수돗물이 틀어져 있었다.

"전기 한 등, 물 한 방울 아껴 쓰던 내가, 어쩌다······."

그녀는 다시 잠이 안 오는지 한숨을 쉬고 있다.

다섯 시간 쏟아진 물의 양을 측정할 수는 없겠지만, 풀장 하나를 채울 양은 되지 않을 것이다. 그녀는 친구로부터 들은 얘기를 떠올린다. '사람이 평생 동안 먹는 음식의 양은 평균 잡아 풀장 서너 개를 채우는 양이다.' 하룻밤 사이에 십 년 동안을 먹고도 남을 물을 쏟아버리다니, 그녀는 억울했다. 자신이 십 년 동안 마셔야 할 물을 쏟아버린 것처럼······.

그녀는 가끔 지갑을 잃어버리기도 하고, 그냥 가게에 두고 와서 찾기도 한다. 어떤 날은 자동차 문을 잠그지 않고 올라올 때도 있고, 가스불에 찌개를 올려놓고 타는 냄새 때문에 알아차리곤 한다. 언젠가는 가게의 뒷문을 잠그지 않아서 도둑을 맞기도 했다.

거울을 둘러싼 슬픔

그녀의 건망증이 부쩍 심해진 것은 일 년 남짓 된다. 남편은 술에 취해 새벽에 들어오거나 아니면 아예 들어오지 않은 적도 종종 있다. 그녀는 미치지 않기 위해서 술을 마시기 시작했다. 일찍 집에 돌아와 남편을 기다리는 동안, 그녀는 알코올 중독자가 되었다. 그녀는 잠든 아이의 얼굴을 들여다보았다. 어느새 눈시울이 붉어져 있었다.

그녀는 사발시계를 일곱시에 맞춰놓았다. (따르르르릉……) 습관이란, 아무리 무거운 몸이라도 번쩍 들어올리는 괴력을 갖고 있다. 그녀는, 이불을 걷어내고 주방으로 가서 밥을 안친다. 그리고 아이의 도시락 반찬을 만든다. 아이는 매운 음식을 먹지 못한다. 그녀는 슈퍼에 가서 계란과 김, 햄조림을 사들고 집으로 돌아온다. 그녀는 대문 앞에서 열쇠 꾸러미를 꺼내들고 대문 열쇠를 찾는다. 자동차 열쇠와 가게 열쇠만이 매달려 있다.

어제 아침에 아이에게 심부름 시킬 때 대문 열쇠를 내주고 받지 않았다. 초인종을 몇 번이고 눌렀지만, 대문을 열어주는 사람이 없다. 초인종에 건전지가 없기 때문이다. 차일피일 미루다 아직껏 갈아 끼우지 못했다. 초인종 누를 일이 있어야 '건전지' 없는 게 떠오른다. 그녀는, 이층에 대고 아이 이름을 부른다. 대답이 없다. 동네 개들만이 시끄럽게 짖기 시작한다. 그녀는 집에 전화를 걸기 위해 다시 슈퍼로 향한다.

그녀는 철계단을 오른다. 라일락이 졌다. 그 단순한 현상을 깨달고 계단 위에 멈춰 선다. 한 이 주일쯤 라일락이 계단 밑에 피어 있었다. 그녀는 계단을 오르내릴 때마다 그 지독한 향기를 들이켜곤 했었다. 뜰의 구석에는 보리 앵두가 꽃을 피워놓고 있으나, 그것에서는 찡한 향기가 나지 않는다. 그녀는, 그곳에서는 향기를 맡지 못하는 것이다. 그녀는 개가 머리 위에서 끙끙거리는 걸 알아차린다. 그녀는 머리를 들어 개를 바라본다. 개는 더럽혀진 털을 갖고 있다. 꼬리에도 역시 더럽혀진 털이 탐스럽다.

작년 이맘때였다. 성남 모란시장에서 저놈을 사왔다. '찡'이라는 종자로 알고 사왔는데, 커가면서 잡종이라는 게 확인되었다. 처음엔 방에서 키웠으나 똥오줌을 가리지 못했고, 지지리를 해대서 밖으로 쫓아냈다. 그러나 그놈의 이름은 처음 붙여진 그대로다. '찡'이라는 종자고, '코'가 예쁘다고 해서, 두 글자를 묶어 '찡코'라는 이름이 붙었다. 그녀는 '찡코'를 향해 손을 내밀었다.

"찡코, 쭈쭈쭈쭈쭈……."

찡코는, 어쩔 줄 모르고 바닥에 데굴데굴 구른다.

찡코는 서너 달 시골집에 내려가 있었다. 지지리를 해대서, 그녀가 차에 태워 보낸 것이다. 그녀가 시골집에 가서 찡코를 보았을 때, 그놈은 엄청나게 살이 불어 내장이 터져나올 것 같았다. 그 동안 먹기만 했지 싸지는 않은 것처럼 보였다.

그놈은 시골에 가서도 미움과 설움을 한 몸에 받고 살았다. 어찌나 먹어댔던지, 얼마나 말썽을 부렸던지, 녀석은 집 안에서 쫓겨나 바깥 마당가에 매어져 있었다. 그놈은 흙구덩이에서 뒹굴어 금방

흙에서 나온 것처럼 보였다. 시어머니는, 시어머니를 모시고 사는 것에 그 잡종 개를 키운 어려움을 비교했었다. 그녀는, 그놈을 샴푸로 씻겨서 차에 태워 데려왔다.

빨랫줄에 집게를 집는 것을 잊어버려 바람에 빨래가 떨어지기라도 하면, 녀석은 어김없이 빨래를 물어뜯어 갈가리 찢어놓곤 했다. 그것만으로 녀석의 말썽이 끝나는 것은 아니었다. 제 밥그릇마저도 발톱으로 긁고 입으로 물어뜯어서 망가뜨리기 일쑤였다. 아무 데나 싸는 것은 그래도 봐줄 만한 일이었다.

봄이 되면서 녀석의 몸에서는 털이 빠지기 시작했다. 바람에 날린 털이 붙지 않은 곳이었다. 하지만 녀석의 몸에는 아직도 수북하게 털이 남아 있다.

그녀는, '찡코'를 볼 때마다, 자신의 남편과 연결시켜 생각하곤 한다. 미워하다, 저주하다, 어느새 불쌍한 생각이 드는 자신의 마음을 알 수 없어한다. 그놈의 밥그릇은 어디로 갔는지, 그놈의 밥그릇은 엎어져 있을 때가 더 많다. 찡코의 발톱 자국과 잇자국으로 흉물스러운 밥그릇은 구석에 처박혀 있었고, 엎어져 있었다.

그녀는 식은 밥에 고기 국물을 부어 말았다. 밥그릇을 들고 밖으로 나왔다. '찡코'는 꼬리를 치며 그녀 주위를 뱅뱅 돈다. 찡코는, 그 동안 묶여 있었다. 별난 놈이라 자신의 목에 감긴 목걸이를 그냥 두지 못했다. 빙빙 돌리면 목걸이가 끊어질 것 같았던 모양이었다. 그놈은 밤새 자신의 목을 비틀어 꽈서 목걸이가 목을 깊게 파고들게 했다.

그녀는 방에 들어가 아이를 깨워 어린이 프로를 보게 하고 주방으로 가서 설거지를 한다. 그녀는 찡코의 상처난 목에 감긴 줄을 풀어주면서 생각했다. 가정이란 울타리는 남편에게, 찡코의 목걸이와 줄이었을지도 모른다는 생각이 들었다. 찡코는 며칠을 먹지도 못하고 끙끙 앓고 있었다. 그 붉은 눈이 지금도 그녀의 눈앞에 선하게 떠오른다. 그녀는 찡코 앞에 앉아 말했다.

"아프지. 아파도 조금만 참아. 참아야 돼."

그녀의 말을 알아듣기라도 하는 듯, 찡코는, 그 붉은 눈을 끔벅거리고 있었다.

그녀는 밥상을 들고 방으로 들어간다. 그녀는 남편을 깨워 밥상 앞에 앉게 한다. 남편은 일 주일 전부터 술을 끊고 한약을 먹기 시작했다. 그런 남편은 힘이 없어 보인다. 그녀는 잠이 덜 깬 남편의 얼굴을 살핀다. 쉬는 날도 없이 일하는 남편이 측은해 보인다. 토요일 오후와 일요일엔 가게에 나와 그녀 대신 가게를 보는 남편이다. 아이는 포크로 돈까스 조각을 집어든다. 돈까스를 입으로 가져간다.

"○○아, 오늘 유치원 다녀와서 오락 조금만 해야 돼?"

아이의 일그러진 얼굴이 그녀를 본다. 아이가, 그녀의 얼굴에 포크를 가져간다.

"엄마는 이제 감옥에 갇혔어."

포크로, 감옥의 창살을 만들 줄 아는 아이!

그녀는, 아이의 머리를 쓰다듬으며 쓸쓸해진다. 밥상을 물린 그녀는, 수건을 머리에 매고 욕실로 간다. 남편이 씻고 나간 세숫대야에 머리카락이 몇 올 떠 있다.

"저, 먼저 나갈게요?"

남편이 옷을 입고 방에서 나온다. 그녀의 머리엔 샴푸 거품이 더덕더덕 붙어 있다. 그녀는 손으로 얼굴의 거품을 걷어낸다.

"예, 다녀오세요."

"화장대 위에 카드 꺼내놨어요. 이따가 세탁기 한 대 사세요."

그녀는 다시 얼굴을 든다. 거울 속의, 그녀의 머리에서 물이 떨어지고 있다. 거울 가에는 붉고 노란 튤립이 피어 있다. 남편이 현관문을 닫고 나가는 소리가 들린다. 그녀는 한참 동안 튤립들 속에 얼굴을 담고 있다.

"예에……"

그녀는 남편이 남기고 간 말에 아주 먼 곳의 메아리처럼 늦은 대답을 하고 있다.

황혼

　제2경인고속도로를 달린다. 서쪽으로 기운 태양의 시선이 백 미러에 꽃을 피운다. 그 강렬한 꽃의 이미지가 내 심장을 확대시킨다. 아니 학대한다. 나는 이차선으로 끼여든다. 나는 도망치는 사람의 심정이 된다. 방향 감각을 잃어버린다. 그리고 활짝 핀 몹쓸 꽃송이 속을 헤맨다.
　내 확대된 심장이 내걸린 하늘의 구석. 나는 피가 빨린 짐승인 것이 틀림없다. 나는 그런 나를 잊을 수 없다. 어디 갈 데도 없으면서 이렇게 도망치고 있다. 나는 내가 부끄럽다. 나말고 누굴 부끄러워한 적이 내게 또 있었던가.
　여관을 잡아놓고 술을 먹은 적이 있었다. 막소주 열다섯 병을 사 들고 들어갔었다. 아침에 깨어보니 세 병이 남아 있었다. 방바닥에 뿌려진 듯 나뒹구는 과자부스러기. 술 젖은 러닝을 벗어 한쪽으로 쓸어모았다. 간이 다 녹아드는 것 같았다. 왜 그랬을까. 물으려니 맞지 않는 질문 같았다. 내게 그런 질문을 할 사람은 이젠 없다. 이 녹아드는 기분에서 회복될 수 있을까. 그럴 수 있다면 다시는 술을 상대도 안 할 텐데.

그 누군가는 내 얼굴을 보고 황혼을 느꼈나 보았다. 얻어놓은 여관방이 어딘지 몰라 한참을 헤매다닌 적이 있었다. 그와 나는 실내 포장마차 같은 데서 소주 몇 병을 더 마셨다. 그는 안 취했고 나는 길이 흐려질 대로 흐려져 있었다. 쓰러진대도 아무도 보지 못할 것 같았다. 아무에게도 발견되지 않을 것 같았다. 그는 갑자기 신호 대기중인 봉고차 문을 열고 올라탔다. 나는 망연자실 신호등처럼 서 있었다. 그는 좌회전해서 내 흐리멍텅한 시야에서 사라졌다.

터널을 지나자 황혼의 꽃은 지고 말았다. 나도 잃었던 심장을 되찾았다. 백 미러에 시커멓게 타버린 굴이 보였다. 나는 어떤 통과의식을 치른 것 같았다. 불을 켠 차들이 줄지어, 내 뒤를 쫓아오고 있었다. 나는, 그런 불빛에는 홀리지 않는다.

폭풍

5박 6일째 되는 날 밤에 하리에 도착해 짐을 풀었다. 전남 진도에서 보길도 가는 배를 탈 예정이었으나 배가 뜨지 않았다. 폭풍을 피해 올라온다는 것이 폭풍의 북상에 밀려온 격이 되고 말았다. 완도와 진도, 강진, 여수, 목포, 광주, 군산, 장항을 거쳐 하리에 도착했다. 아름드리 소나무 숲에 텐트를 치고 가까운 인가에서 식수를 떠다 밥을 지었다. 여행 경비가 거의 바닥나 있었다. 우리는 정어리 통조림 찌개를 안주 삼아 미지근한 선학 소주 됫병 마개를 열었다. 배수로를 깊이 파고 무거운 돌을 주워다 텐트 줄이 팽팽하도록 잡아맸다. 그래도 안심이 되지 않았다. 배낭 속의 침낭과 옷가지들은 젖어 있었다. 눅눅한 침낭 위에 올라앉은 우리는 술잔을 기울이기 시작했다. 천둥 번개가 사방을 가르고 있었다. 방파제를 때린 파도

가 텐트까지 밀려들었다. 사방으로 찢어질 듯이 아름드리 소나무들이 요동치고 있었다. 텐트는 날아갈 듯이 부풀고 밀리고 있었다. 우린 텐트 벽에 등을 대고 쭈그려 앉아 있었다. 촛불은 버티지 못하고 쓰러졌다. 이러다 죽는 거 아니냐. 한여름에 얼어 죽을지도 몰랐다. 몸은 바들바들 떨고 있었다. 겁이 났다. 이 고비만 잘 넘긴다면, 한 천년은 무리 없이 살아낼 수 있으련만. 물에 불은 몸에서는 끝없이 때가 밀렸다. 살갗 전체가 때로 덮여 있는 것 같았다. 우린 팬티만 입고 있었다. 미끈거리는 텐트 천이 등에 달라붙었다. 우린 팬티만 입고 떨면서 술을 마셔야 하는 벌을 서고 있었다.

점심 무렵엔 잠깐 햇살이 비쳤다. 군산에서 장항까지 배를 타고 건널 때였다. 이젠 폭풍의 장막이 걷히는 줄로 알았다. B가 햇살에 잠긴 눈으로 말했다. 술을 끊든지 목숨을 끊든지 해야지. 비둘기호를 갈아타면서 오 일을 연작으로 술을 마셨다. 술을 마시지 않고는 살 수 없는 사람들처럼. 한시를 견딜 수 없는 사람들처럼. 술 없는 나라로 이민을 떠나는 사람들처럼. 캄캄한 아수라장에서 찌그러진 종이컵을 돌렸다. 종이컵을 비우고 코펠 속에 잠긴 수저를 건져 정어리 찌개 국물을 떠먹었다. 이 텐트가 찢어지지만 않기를. 날아가지만은 않기를. 나는 내 몸이 오그라드는 걸 느꼈다. 쭈그러드는 걸 느꼈다. 양팔에 닭살이 돋는 걸 만졌다. 털이 벗겨진 닭들이 몸을 웅크리고 오돌돌돌 떨고 있었다. 담배는 젖어 불이 붙지 않았다. 터진 담배는 잘게 썰린 젖은 가루에 불과했다. 이렇게 더럽게 춥고 무서운 경험은 처음이었다.

우린 겁에 질려 떨다 기진맥진한 상태가 되었다. 누가 먼저랄 것도 없이 젖은 침낭에 누웠다. 폭우가 쏟아지고 있었다. 폭풍이 북상하고 있었다. 해일이 범람하고 있었다. 술이 바닥나고 있었다.

인기척이 느껴졌다. 비바람의 흔적이 사라졌고 햇살이 비치고 있었다. 소나무 가지 그림자가 텐트 위에 드리워져 있었다. 웬 아저씨가 불쑥 텐트 안으로 고개를 들이밀었다.

"괜찮았유?"

아저씨는 삽을 내려놓고 텐트 안을 둘러보고 있었다. 우린 무슨 영문인지 몰라 졸린 눈을 비비고 일어나 앉았다.

"큰일날 뻔했네유."

아저씨는 삽을 메고 흙탕물에 잠긴 논을 수습하러 떠났다. 아저씨가 남긴 말의 의미를, 우린 밖에 나와서야 알았다. 아름드리 소나무가 텐트 옆에 누워 있었다. 우린 밖에 나와 두 팔을 들어올리고 늘어지게 기지개를 펴고 있었다.

터널 위 무덤

 몇 년째 방치된 터널을 바라본다. 아카시아 숲에서 빙그르 잎이 떨어지고 있다. 철거된 다리 밑으로 폐수가 흘러가고 있다. 다리 기둥이 터널 앞까지 서 있다. 터널은 구부러져 있다. 터널은 미로일 거다. 어둠의 창고일 거다. 산봉우리에 걸린 해가 윙크를 한다.
 가시덤불과 달맞이꽃이 밀집해 있다. 크고 작은 돌을 쌓아 경계를 구분진 강변의 밭에는 배추와 무가 심어져 있다. 잎들이 익모초 빻아논 것같이 짙푸르다. 밭에서 눈길을 거둬 터널 위의 무덤에게로 옮긴다. 내 눈길이 배추와 무의 짙푸름을 찍어, 무덤의 억새를 칠할 수 있는 붓은 아니다. 배추와 무도 물감이 아니다. 무덤의 억새도 종이가 아니다. 하지만 나는 그렇게 눈길을 반복한다. 햇살의 색이 점차 묽어진다. 모든 풍경은 햇볕의 그늘 밑으로 숨겨진다.

저물어가는 강둑에 서서, 강에 돌을 던져넣는 사람이 있다. 풍덩하는 소리가 파문을 일으키며 속으로 자지러든다. 숨이 막힌다. 다시 그만한 파문이 일기를 기다린다.

터널 속에서는 기척이 없다. 이마에 불을 켠 괴물이 빠져나오지 않는다. 이마에 플래시 불을 켜고 아버지가 나오지 않는다. 저건 분명 갱도가 아니다. 흘러가는 폐수의 물결 위에 햇살의 금가루가 뿌려진다. 저쪽으로 건너가야 이쪽이 그리울 것이다.

달맞이꽃이 진 자리에 씨방이 달라붙어 있다. 누워야 다시 일어날 수 있는 것인지. 긴 달맞이 꽃대들이 기울어져 있다. 가시덤불에 새들이 들어앉아 수다를 떨고 있다. 캄캄하던 터널 입구가 희미해져 있다. 터널 안에 머무른 고농도 어둠이 밖으로 빠져나오는 것 같다.

터널 위 무덤에 묻힌 사람이 궁금하다. 사정없이 흔들어 깨우던 기차가 찾아오지 않는다. 그는 이제 한없이 게을러져 잠에서 깨어나지 못할지도 모른다. 그래서 억새꽃이, 그의 무덤을 환하게 뒤덮고 있는지도 모른다.

블랙몰리

내가 당신 무덤을 파먹었지
내가 그곳을 열어보았지
너무 깊은 데 당신이 묻혀
그 추억을 파먹는 데 꼬박
천년이 흘렀다
—「경주─느티나무, 무덤 위에서 죽다」 전문

1

그 첫번째 도시는 내게 공원과 무덤을 동시에 보여주었다. 내가 걷던 긴 담벼락, 이제 그곳은 추억의 먼지 더미 속에 파묻혀 있다. 그 거대한 무덤의 도시에서 나는 술꾼이었다. 방랑자였다. 거대한 무덤 속에 뿌리박은 늙은 느티나무 같은 존재였다.

잔디는 누렇게 변해 있었고, 단풍나무는 붉은 잎들을 달고 부스럭거렸다. 은행나무 잎은 황금빛이었다. 나는 속으로 중얼거렸다.

"참 아름다운 세상, 이 지긋지긋한 시간!"

나는 시장 골목을 헤매곤 하였다. 죽은 생선들의 눈을 지켜보았다. 그 눈들은 자신의 몸 속을, 과거를 보느라고 썩는 줄도 몰랐다. 시끌벅적한 시장 골목들, 그곳엔 막걸리와 소주를 파는 집이 있었다. 소쿠리 위에 삶은 소머리 돼지머리들이 올려져 있었다. 파리들은 먹기 위해, 살기 위해 들끓고 있었다. 파리도, 무엇을 빨아먹겠다고 내 몰골 위에 앉곤 하였다. 나는 어항 옆에 가서 앉곤 했다. 나는 막걸리와 꽁치를 먹었다. 어항 속에는 자라가 한 마리 들어 있었다. 그 놈은 눈에 띄게 자라 있곤 하였다. 나는 눈을 감았다. 그럼, 자라라는 놈이 내 몸 속에 들어와 있었다. 뚜껑 덮인 플라스틱 어항인 내 몸을 박박 긁곤 하였다. 끔찍했다. 끔찍한 노을, 죽음은 괴로움 다음에 시작되거나 오는 것이었다.

어느 날부터인가, 그 자라라는 놈이 징그럽고 끔찍해졌다. 그 놈은 너무 빨리, 그리고 너무 많이 커져 있었다. 물 위에 떠 있거나 물 밑에 가라앉아 있던 그 놈은, 언제부터인가 괴로움을 알기 시작한 모양이었다. 아니 그건, 외로움이었는지도 모른다. 그 고통 속에서 벗어나기 위해, 안간힘을 쓰는 그 놈은 잠시도 가만히 있지 못했다.

삶은 고통이다. 그 고통을 이겨내야, 충분히 즐긴 다음에야, 죽음의 길에 이를 수 있다. 조약돌이 깔려 있는 뚜껑 덮인 플라스틱 어항은 자라의 독방이었다. 죽어서 썩지 않고는, 그 고통 속에서 벗어날 수 없었다.

2

서점에 들러 좋은 시집을 고르는 일은 그때, 내 소일거리의 하나였다. 내가 시간을 죽이는 방법은 뻔할 뻔자였다. 낮 시간의 대부분을 술 마시거나, 커피숍에서 죽치거나, 멀리 산책을 떠나는 게 고작이었다. 그때, 시는 얼마나 나를 매료시켰던가. 시집 한 권 사들고 들어간 자취방, 윙윙거리는 형광등, 그 흑점 아래서 몇 번이나 그 시의 집을 들락거렸던가. 좋은 시집을 만났을 때의 즐거움…… 아아, 이성복은 나에게서 얼마나 많은 밤들을 빼앗아갔던가. 뒹구는 돌……, 남해 금산……, 이미지들을 따라다니다 보면 어느새 새벽이었고, 교회 종 치는 소리 들렸다.

추억 속은 온통 추억의 관들로 가득하였다. 부대끼는 그 사각형의 기억들. 삶은 계란은 백원이었다. 나는 뒤를 보며, 앞으로 걸어다녔다. 늙은이는 추억 속에서 살고 어쩌고 하는 말이 있었다. 시를 읽을 때, 나는 살아 있었다. 시를 생각할 때, 나는 늙어 있었다. 삶은 죽음 속에 갇혀 있었다.

나는 이십대 절반의 시간을 그곳에서 살았다. 갇힘과 죽음과 막힘과 부딪치면서, 죽음과 같은 한 시절을 보내고 있었다. 강의는 반복되었다. 강의 내용은 죽어 있었고 숨이 막혔다. 나는 그런 강의실에 들어가지 않았다.

무엇이 그토록 나를 열광케 했던가. 촛불과 향내 속에서, 밤은 늘 어났고 낮 또한 줄어들지 않았다. 시가 모든 걸 구원해주리란 믿음은 점점 약해졌다.

모든 시는 연시라는 말씀에, 나는 어느 정도 수긍하고 있었다. 음악이 사랑의 아픔을 달래주듯, 사랑의 아픔이 음악을 이해할 수 있게 하듯, 시는 사랑의 상처를 아물게 할 수 없는 것이었다. 오히려 잊었던 아픔까지 되살려내는, 덧나게 하는 것이었다.

3

어느 해 장마가 지나간 여름이었으리라. 자취방에 갔을 때, 얼룩진 꽃편지 한 통이 문틈에 꽂혀 있었다. 그 편지는 이렇게 시작되었다.

열대어 중에
블랙몰리라는 놈이 있다.
그 놈은 외로움을 몹시 타는 놈이다.

외로움이 쌓이고 쌓여
포화상태에 이르면,
배가 '팡' 하고 터져 죽는다.

나는 오래 전에, 오래된 성을 하나 알고 있었다. 나는 그 성에 가서 강물이 흘러가는 소리를 듣곤 했었다. 그 성은 내가 알기 전부터 폐허였다. 나는, 그 성의 폐허를 사랑하기에 이르렀다. 폐허가 된 기억, 이제 새로워질 수 없는 모든 기억, 이제 사랑할 가치가 없는 여자를 생각하고, 가끔씩은 그리워하는 일 따위, 억새꽃은 눈부셨다. 랭보가 써버린 시 한 구절, '그 일이 지나갔다./나는 이제 美에게 절할 줄을 안다.'

새벽까지 술 마시고, 다시 대낮부터 술 마시고, 술을 마시고……, 책을 안 읽으면, 하루라도 시를 생각하지 않으면, 뭔가 큰일이 일어나는 줄로 알았다. 언제부터인가, 그 책은 짐이 되기 시작했고, 시는 마약 같은 것임을 알게 되었다. 시에 대한 환상은 서둘러 나를 떠나고 있었다.

그의 빈속으로 들기 위하여
나는 그 나무를 자를 수는 없었다
깊은 생각으로 불면의 나뭇잎을
흔들었는데, 쥐어뜯었는데 달빛이 한 바가지

쏟아져 몽글몽글 피어오르고 있었다
피어오르고 있었다, 먹고 싶은 생각이
멀리멀리 떠나고

고요하여라, 바닥에 떨어진 부채
입을 모으며 부서지는 추억,
벌레는
벌레는, 저렇게 높은 곳에서 무얼 하나?
―「오동나무」 전문

  자취방으로 돌아오는 길엔 긴 다리가 있었다. 썩어 흘러가는 세월, 썩어 흘러가는 세월 속에서, 푸른 풀들 올라와 흔들리고 있었다. 어디로 흘러가는지 알 수 없었다. 나는 빈 술병처럼 서 있거나 누워 있었다.

먼지의 집

1

내게 소름 끼치는 이미지로 다가왔던 그 아버지! 이젠 내가 아버지를 용서할 차례가 아니다. 용서받아야 할 차례다. 아버지는 지금 '먼지의 집'에서 대폿잔을 기울이고 있지 않다. 화투를 치고 있지도 않다. 나는 아버지를 따라 늙어가야 하는 것이다. 세월은 상처를 치료해주고 아픔을 달래줄 것이다.

저 꽃들은 그늘에서의 추억이었고,
내가 밥 먹으러 들어갔을 때
저 꽃들은 아무것도 아니었다.

지나간 세월의 쪽문 앞에서,
이 얼굴 붉힌 꽃들은
무더기로 피어 있다.
갑자기 쪽문이 젖혀지고
작대기를 들고, 누군가 쫓아나올 것 같다.

밥 먹어라, 몇 번 불러주어야
못 이기는 척 들어간 집
하염없이 부스럭거리던, 겨울의 그 많던
씨방들은 어디로 다 사라지는 것인가

—「며느리밥풀꽃」 전문

2

　버려진 주점 앞에서 버스를 기다렸다. 깨진 오줌통 속에는 풀이 자라 있었다. 남자의 오줌에선 왜 거품이 일어나는 것일까. 늦은 가을이었다. 그 집 창문엔 먼지가 눌어붙어 있었고 낙서 위에도 먼지가 달라붙어 있었다. 문 잠긴 주막 안의 벽시계는 멎어 있었다. 하루에 두 번씩, 그 벽시계의 시간은 정확히 맞을 것이었다. 나는 중학교에 다닐 때까지, 그 벽에 걸린 시계로 시간을 보았다. 그 시계는 정확하지는 않았지만, 언제나 죽어 있지는 않았다. 그 집은 주막이 되기 전에 비료를 쌓아두던 창고였다. 우리집 아래채에 일 년쯤 살다간 사람들, 뚱뚱한 아줌마, 바람만이 덜컹덜컹 들락거리는, 바람난 집. 드르륵, 출입문을 열고 들어서면 막걸리 냄새가 진동할 것 같은 집. 아버지의 냄새. 노을은 얼마나 아프게 다가오는 것인가! 아버지는 아직도 그 집 방 안에서 대접에 막걸리를 따라놓고 얼굴이 빨개져 무슨 얘기를 하고…… 무엇을 또 못 견디고…….

그런 생각을 하자, 끔찍하다는, 끔찍해서 어서 그곳을 뜨고 싶은 충동이 일었다. 내게 노을은, 모든 불화의 기억을 떠올리게 한다.

"아버지, 엄마가 집에서 기다려요."

하마터면, 그 빈 주막의 출입문을 열고, 아버지가 거기에 계신 것처럼 말할 뻔했다.

나는 왜 진작부터, 아버지가 더 불쌍하다는 생각을 하지 못했을까. 아버진 언제나 그랬다.

"먼저 가 있거라. 금방 따라갈게."

아버진 새벽에나 돌아와 코를 골고 있었다.

    노을은 창문에 머물렀다 금방 간다. 창문에 기대어
    조그맣게 뭐라고 말하려다 말을 감춘다.
    기웃거리는 노을이 끔찍하다.

    창문은 서쪽으로 나 있다. 떠나려는 노을이
    붉어지는 집, 창문에 거꾸로 쓰여진 글씨를 읽는다.

먼지의 집. 창문 안엔 멎은 지 오랜
벽시계가 걸려 있다. 엎어놓고 간
귀 떨어진 대접들이 있다. 빈 병에도
채워지는 먼지가 있다. 세월은 먼지를 먹고
배부르다. 소주병의 학은 날개를 펴고 있을 뿐
어디로도 가지 못한다. 병마개들 흙 속에 박혀
녹슬어가고, 덥수룩한 수염들 탁자에 둘러앉아
기침을 한다. 목을 적신다.
별 볼일 없이
죽어간 사람들을 떠올린다. 덜컹덜컹
먼지의 집으로 들어가 안 나오는
바람이 있다.

혼자 사는, 쓸쓸한 먼지의 집. 창문 안에
노을이, 붉은 등을 켜놓았다. 한꺼번에 많은 사람들이
다녀간다.
―「판교리 8 – 먼지의 집」 전문

  추억은 캄캄한, 버려진 것들로 가득한 창고일지도 모른다. 그 주점의 겨울은 언제나 잔칫집 분위기였다. 그 집은 머지않아 사라질 것이다. 기억 속에 자리잡게 될 것이다.

메지

깨진 유리가 많은 구멍가게 문들이 못 박혀 떨고 있다. 한없이 가벼운 커튼을 내리고 흔들리고 있다. 누군가 문을 두드리는 소리를 내고 있다. 가끔씩 어두운 내부가 바람에 들춰진다.

그는 목침(木枕)을 베고 방 안에 누워 있다. 자꾸 헛것이 보이고 있다. 다시는 그를 만날 수 없다.

풀렸다, 다시 얼어붙은 구멍가게 앞마당 지푸라기들이 빠져나오려고 안간힘을 쓰고 있다. 슬레이트 지붕에는 떠듬떠듬 못이 피운 꽃이 있다. 터진 채 기둥 옆에 내팽개쳐진 횟가루 부대는 딱딱하게 굳어 있다. 거대한 혓바닥처럼 한 덩어리로 엉키고 있다. 금방이라도, 저 덜컹거리는 문 중에 하나가 열릴 것 같다. 죽은 그가 새빨간 얼굴을 내밀 것 같다. 그리고 나에게 물을 것 같다.

"네 이름이 메지(뭐지)?"

"네 애비 이름이 메지(뭐지)?"

"너 지금, 어디서 살지?"

그는 심한 건망증 환자였다. 그는 물건값을 비싸게 받기로 유명했다. 그래, '메지 강똥'이란 별명이 붙었다. 그의 별명은 '메지 강똥'이 줄어, '메지'로 굳었다.

고개를 넘어오는 막차의 불빛이 퍼져나오고 있다. 수천 갈래의 부챗살 무늬가 허공에 그려지고 있다.

유리의 집

뚱뚱하고 작달막한 사내가 유리의 집을 지키고 있다. 그는 그 집의 주인이다. 그는 키가 너무 작아 굽 높은 구두를 즐겨 신는다. 의자의 층을 맨 꼭대기까지 높여 앉는다. 그는 신문을 본다. TV를 본다. 구둣발로 박자를 맞추면서 콧노래를 부른다.

그 사내는 금테 안경을 폼으로 쓰고 있다. 그러나 조금도 어색하지 않다. 그가 안경을 썼다는 표현이 어색하다. 얼굴에 유리를 도배했다고 해야 옳다. 그의 작은 눈은 안경알의 십 분의 일도 채 안 된다. 그의 얼굴엔 기름기가 흐른다. 그의 머리카락에도…… 나는 이 동으로 이사온 후로 줄곧, 그의 유리의 집을 이용해왔다. 나의 신상명세카드는 그의 서랍 속에 잘 보관되어 있다. 일 년에 한 번씩 생일축하카드와 똑같은 연하장이 같은 주소로 배달된다. 안경다리가 부러졌을 때, 안경알을 갈아끼워야 할 때, 안경 전체를 갈아야 할 때, 나는 유리의 집 사내를 찾아간다.

  출입문 위에 달아놓은 종이 울리면 그의 웃는 얼굴이 시작된다.

  나는 안경을 자주 잃어버린다. 술 마신 다음날 깨어나자마자, 안경의 존재 유무를 확인한다. 무사하지 못한 안경들은 다 어디로 갔을까? 참다참다 찾아가는 유리의 집 사내는 지나치게 친절하다. 그의 웃음은 아픔을 준다. 또 그럴 줄 알았지. 그렇게 될 줄 알았지. 꿰뚫어보고 있었다는 표정이다.

겨울 마늘밭

1월 초인데, 텃밭에 마늘이 파랗다. 텃밭에는 두둑이 없다. 평퍼짐한 게 전부 두둑이다. 사람 발 하나 간신히 지나갈 수 있는 게 고랑이다. 물이 지나간 적 없는 도랑이다. 맨땅에 얇은 비닐을 덮어씌우고 마늘 싹이 올라온 곳을 찢었다. 가늘고도 푸른 불꽃을 세워두고 그걸 바라보며 겨울을 나는 사람이 있는 듯하다.

몇십 년 거름을 쌓아두던 곳이다. 거름을 치우고 텃밭을 만든 것이다. 푹 삶아지는 것같이 김이 오르던 두엄 더미. 썩은 호박 덩어리 몇 개가 올려져 있었다. 썩을 만한 건 다 두엄 더미에 버렸었다. 올라가 푹푹 꺼져라 굴러본 일도 있었다. 두엄 더미는 치워지고 바닥이 남았다. 마늘이 심어진 텃밭 밑에 두엄 더미가 있는 것처럼 여겨진다. 마늘이 두엄 더미 위에 심어진 것처럼 푸르다. 두엄 더미에서 피어오르는 열기 때문이리라. 검불을 덮지 않았는데 마늘들의 싹은 어느새 봄을 만나고 있는 것이다. 이른 종자인지도 모른다. 추위에 단련된 종자인지도 모른다. 비닐이 텃밭의 온기를 잡고 있는지도 모른다.

  검불을 덮은 겨울 마늘밭을 헤치던 닭들은 보이지 않는다. 닭들은 마당의 양지바른 곳에 있을 것이다. 무언가를 헤쳐서 먹을 만한 것을 고르고 있으리라. 비닐에 덮인 마늘을 바람이 흔들어댄다. 푹 썩어버린 두엄 더미 위 푸른 불꽃들이 이리저리 흔들리며 자란다.

  앞으로 몇 년은 거름을 주지 않아도 텃밭에 심은 것들은 잘 자랄 것이다.

뒹구는 돌은 언제 잠 깨는가

　보들레르와 이성복은 내게 시를 쓰도록 강요한 사람들이다. 그들이 먼저 태어나 시를 쓰지 않았던들, 나는 시를 써보겠다고 매달리지도, 그런 엉뚱한 꿈을 꿀 수도 없었을 것이다. 이성복의 첫 시집 『뒹구는 돌은 언제 잠 깨는가』를 처음 만난 것은 85년 봄이었다. 그 시집의 출판 연도는 80년이었다. 그 시집이 나오고 오 년이 지난 뒤에 나는 비로소 그를 알게 되었다.
　처음엔 어떻게 읽어야 할지 엄두가 나질 않았다. 몇 번인가 읽기를 그만두지 않을 수 없었다. 하지만 그 시집에 실린 시들에는 나를 사로잡고 놔주지 않던 구절이 있었다. 나는 그런 부분에 밑줄을 치기 시작했다. 『뒹구는 돌은 언제 잠 깨는가』를 가방에 넣고 다녔다. 가끔씩 가방을 어딘가에 놓고 왔고, 취중에 누군가에게 선물로

주기도 했다. 내가 지금 가지고 있는 『뒹구는 돌은 언제 잠 깨는가』는 26쇄이다.

그는 처음부터 나를 어리둥절하게 만들었다. 그는 나를 별천지로 이끌고 가서는 희귀한 것들 속에 숨어 있는 희귀한 것들을 볼 수 있게 해주었다. 그는, 삶은 어떻게든 견뎌야 하는 거라고 일러주었다. 그는 또 어디로든지 끝까지 가라고 일러주었다. 내가 『뒹구는 돌은 언제 잠 깨는가』에서 제일 먼저 읽은 것은 아픔이었다. 그는 뒤표지 글에 이렇게 적어놓았다. '망각은 삶의 죽음이고, 아픔은 죽음의 삶이다' 라고. 『뒹구는 돌은 언제 잠 깨는가』에 실린 대부분의 시는 진술형에 맞춰져 있었다. 그 진술들은 대단히 절제되어, 아픔을 말하고 있지만 아픔 자체에 머물러 있지 않았다. 그의 시의 속도는 굉장히 빨라서 멈칫하는 사이에 어디로 가버렸는지 알 수 없었다. 연상이 연상을 불러 이어져가는 그 속도는 놀라울 정도였다.

어디로 갈까? 어디로 따라가야 하나? 나는 그를 따라가다 번번이 주저앉고 말았다. 숨이 턱까지 차올랐기 때문만은 아니었을 것이다. 그는 숨쉴 틈도 주지 않았지만 어디로 가는지, 언제까지 달려갈 것인지 끝까지 따라가보지 않고서는 알 수 없을 것 같았다. 나는 그를 따라가기를 포기하고 말았다. 그런 뒤에 이렇게 썼던 기억이 남아 있다. '길들은 구부러져, 엉켜, 무엇을 묶을 수도 없었다. 구부러진 채 생각에 잠기게 했다.'

그때, 내게는 희망이 있었다. 그처럼 시를 써내는 것이 내가 가진 유일한 희망이었다. 그건 처음부터 불가능한 일이었지만, 내게 끝없이 이를 악물게 하는 힘을 주었다. 나는 언제부터인가 그를 따라갈 수 없음을 알았다. 그가 간 길을 따라가는 대신, 나는 그 길을 비켜가지 않을 수 없었다.

    보들레르는 인생의 병원에 입원시켜주었고, 나는 거기서, 이성복이라는 의사를 만났다. 『뒹구는 돌은 언제 잠 깨는가』를 백 번쯤 읽었을 때, 그 동안 읽었던 시들은 맛이 없어서 다시는 찾지 않는 식당으로 변했다. 나는 그에 대해 십삼 년을 상상해왔다. 그의 시집들은, 내가 빠져든 종교의 경전이었다. 그의 첫 시집 『뒹구는 돌은 언제 잠 깨는가』는, 나를 그 종교에 빠지게 만든 입문서 같은 것이었다.

책 뒤에

모를 심는다. 이앙기가 빠뜨리고 간 자리에 모를 심는다. 이앙기가 닿지 않는 곳에 모를 심는다. 빈자리를 잘못된 곳을 찾아다니며 모를 심는다. 길이가 짧아 물에 잠긴 모. 자갈과 거름이 있어 떠 있는 모. 흙을 채우고 심는다. 자갈을 들어내고 거름을 옮기고 심는다. 허리를 펴고 논배미를 본다. 줄을 맞춘 모. 간격을 맞춘 모. 바람이 분다. 모들이 부르르 떤다. 논배미가 떨림 위에 올려진다. 보도 블록만을 걸어다닌 나도 일 년 만에 진흙 신발을 신고 떨림 위에 서 있다. 모판에서 모 뿌리에서 풀린 황토 때문에 논물이 붉다. 글을 쓰는 일 또한 거름을 내고 바닥을 고르고 물을 가둔 다음 모를 심는 일과 같으리라. 이 모들이 잘 심어졌는지, 이 흙탕물이 가라앉아야 보이리라. 밥을 먹어봐야 알 수 있으리라.

2000년 6월 홍성 서부에서
이윤학

문학동네 산문집
거울을 둘러싼 슬픔
ⓒ 이윤학 2000

초판인쇄	2000년 6월 23일
초판발행	2000년 6월 30일

지은이	이윤학
책임편집	김현정 이은석
펴낸이	강병선
펴낸곳	(주)문학동네
출판등록	1993년 10월 22일 제22-188호

주 소	136-034 서울시 성북구 동소문동 4가 260번지 동소문빌딩 6층
전자우편	editor@munhak.com
	하이텔 : podo1
	천리안 : greenpen
전화번호	927-6790~5, 927-6751~2
팩 스	927-6753

ISBN 89-8281-298-9 03810
* 잘못된 책은 바꿔드립니다.

www.munhak.com